ÉTUDES DE PHILOSOPHIE NATURELLE
3me SÉRIE : N° 5

PRODROME

DE

CHIMIE RATIONNELLE

(Avec Planche)

PAR

J.-ÉMILE FILACHOU

Docteur ès-Lettres

*Est quodam prodire tenus, si
non datur ultra.*

MONTPELLIER
Félix SEGUIN, Libraire-Éditeur
Rue Argenterie, 25.

PARIS
DURAND & PEDONE-LAURIEL
Rue Cujas, 9.

1879

Suite des Ouvrages du même Auteur

Nº 7. Démonstration psychologique et expérimentale de l'existence de Dieu. 1 vol. in-12. 1873.

Nº 8. De l'ordre et du mode de décomposition de la lumière par les bords minces. 1 vol. in-12.

Nº 9. Le système du monde en quatre mots. 1 vol. in-12.

Nº 10. Classification raisonnée des Sciences naturelles. 1 vol. in-12.

2ᵉ SÉRIE : Nº 1. La mécanique de l'esprit conforme aux principes de la classification rationnelle. 1 vol. in-12.

Nº 2. Organisation et unification des sciences naturelles. 1 vol. in-12.

Nº 3. L'Histoire naturelle éclairée par la théorie des axes (avec planche). 1 vol. in-12.

Nº 4. La mécanique de l'esprit par la trigonométrie. 1 vol. in-12.

Nº 5. La Classification rationnelle et le Calcul infinitésimal. 1 vol. in-12.

Nº 6. La Classification rationnelle et la Phénoménologie transcendante (avec planche). 1 vol. in-12.

Nº 7. La Classification rationnelle et la Géologie (avec planche). 1 vol. in-12.

Nº 8. La Classification rationnelle et la Pragmatologie psychologique. 1 vol. in-12.

Nº 9. La Classification rationnelle et la Pneumatologie mécanique. 1 vol. in-12.

Nº 10. Éléments de Psychologie mathématique. 1 vol. in-12.

3ᵉ SÉRIE : Nº 1. Identité du Subjectif et de l'Objectif (avec planche). 1 vol. in-12.

Nº 2. Le vrai système général de l'Univers. 1 vol. in-12.

Nº 3. Origine des Météorites et autres corps célestes. 1 vol. in-12.

Nº 4. Sources naturelles du Surnaturel. 1 vol. in-12.

Montpellier. — Typogr. BOEHM et FILS.

IMPRIMERIE
DE
BOEHM & FILS
MONTPELLIER

Imprimeurs de l'Académie des Sciences et Lettres, Éditeurs du Montpellier médical, de la
Revue des Sciences Naturelles, de la Carte routière de l'Hérault, du Plan des Villes [...]

Montpellier, le 9 juin 1880

C'est par suite d'une erreur typographique que le n° 5 de la 3e série de
Études de philosophie naturelle : Prodrome de Chimie naturelle, porte dans le titre :
avec Planche. Il est du reste facile de s'en assurer en consultant la 4e page
de la couverture du fascicule suivant : 3e série, n° 6. Aux Ouvrages du
même auteur (M. l'Abbé Filachou) le n° 5 de la 3e série ne porte nullement
l'indication : avec Planche.

Boehm et Fils

ÉTUDES DE PHILOSOPHIE NATURELLE

3me Série : N° 5

PRODROME

DE

CHIMIE RATIONNELLE

POUR PARAITRE SUCCESSIVEMENT :

N° 6. Du premier instant dans la série des êtres et des événements. 1 vol. in-12.

N° 7. Fins et moyens de Cosmologie rationnelle. 1 vol. in-12.

N° 8. De la Contradiction en philosophie mathématique. 1 vol. in-12.

N° 9. Du Péché originel et de son irrémissibilité. 1 vol. in-12.

N° 10. Transcendance et variabilité des idées réelles. 1 vol. in-12.

4ᵉ SÉRIE : N° 1. Grâce et Liberté, fondements du monde visible. 1 vol. in-12.

N. 2. Commentaire philosophique du premier chapitre de la Genèse. 1 vol. in-12.

N. 3. Erreurs et Vérités du transformisme. 1 vol. in-12.

Montpellier. — Typ. BOEHM et FILS.

ÉTUDES DE PHILOSOPHIE NATURELLE
3me SÉRIE : No 5

PRODROME

DE

CHIMIE RATIONNELLE

(Avec Planche)

PAR

ÉMILE FILACHOU

Docteur ès-Lettres.

Est quòdam prodire tenùs, si non datur ultra.

MONTPELLIER | PARIS
Félix SEGUIN, Libraire-Éditeur | DURAND & PEDONE-LAURIEL
Rue Argenterie, 25. | Rue Cujas, 9.

1879

AVANT-PROPOS

Lorsqu'une araignée veut construire sa toile entre les arbres d'une vaste allée de jardin, et qu'elle ne peut terminer en une seule nuit son ouvrage, elle ne laisse pas de tendre au moins les fils d'encadrement auxquels devront se rattacher plus tard tous les autres. Tel a été justement notre dessein dans la rédaction de cet écrit, dont le but n'est point d'offrir un traité de chimie, mais seulement d'indiquer les bases nécessaires et la marche régulière *présumées* de cette science.

La Chimie, malgré ses perfectionnements récents, bien petits en comparaison de ce qui reste à faire, se traîne évidemment encore dans l'ornière du plus grossier empirisme; et jusqu'à présent la philosophie ne se montre aucunement prête à lui tendre la main pour l'aider à s'élever plus haut. Mais, de ces deux sciences ainsi faites, la plus en retard à nos yeux n'est point la première, obligée, par état, à faire beaucoup plus de cas des bonnes observations que des théories abstraites ; c'est la seconde, dont la spéculation est nécessairement le principal objectif. Voulant alors suppléer à ce défaut de préalables données rationnelles applicables à la Chimie, nous avons remanié nos principes philosophiques, nous les avons confrontés avec les données empiriques admises, et, ce rapprochement une fois opéré, nous nous sommes demandé s'il ne régnait point par hasard, entre ces principes et ces données, un tel accord qu'on pût et dût sembler ici, simultanément et par leur moyen, autant expérimenter en philosophe que penser en chimiste?... Ébaucher un tel plan était assurément tout ce que nous pouvions faire, mais c'était encore, pourtant, une œuvre assez belle pour nous tenter ; aussi l'avons-nous entreprise de bon cœur, et maintenant le lecteur décidera si nous avons su joindre le mérite de la réussite à celui de la bonne intention.

Cassagnoles, 6 janvier 1879.

PRODROME

DE

CHIMIE RATIONNELLE

~~~

1. Parce qu'on l'oublie trop, nous ne nous lasserons point de répéter cette vérité fondamentale: le bon, le vrai savoir consiste dans l'exacte et parfaite correspondance des *principes* et de la *méthode* avec les *faits* du monde extérieur, ou *vice versâ*.

Pour savoir réellement, il ne suffit point d'abord de connaître seulement un très-grand nombre de faits ; car, avec ou malgré cette immense érudition et par défaut de *principes* et de *méthode*, on serait incapable de rien juger ni classer par raison.

Pour être en possession du vrai savoir, il ne suffirait point encore de n'en ignorer aucune des conditions ou *radicales* ou *formelles* indispensables, tandis qu'on manquerait de toutes les *données* objectives requises pour les appliquer convenablement en temps utile ; car toute connaissance qui n'aboutit point en définitive au réel, est nécessairement en elle-même incomplète, stérile et chimérique.

Le vrai savoir consiste donc à connaître tous les *principes*, toutes les *règles* et tous les *faits* corrélatifs ou s'impliquant mutuellement, dont l'ensemble donne à la fois pleine satisfaction au triple besoin intrinsèque de perception, de certitude et de rationalité.

2. Personne, aujourd'hui, n'hésite à regarder la Chimie comme *Science*; et sous ce rapport on paraîtrait presque vouloir l'assimiler, par exemple, à l'Astronomie, dont les principes théoriques sûrs et les méthodes mathématiques éprouvées compensent assez les côtés faibles et les trop rares ou courtes observations, pour ne pas l'exposer à voir ce qu'elle a déjà fait, ébranlé par ce qui reste à faire. Mais nous ne partageons point un sentiment aussi favorable à la Chimie, telle

qu'on l'enseigne encore, car elle n'a pour elle ni principes *théoriques* incontestables ni méthode *rationnelle* quelconque ; et, réduite alors à se baser sur la seule observation empirique [1], vraiment inépuisable, surtout entre ses mains, elle ne peut rien établir sans avoir à redouter de le voir inopinément contredit ou mis en doute par les nouveaux faits qui viennent chaque jour en étendre le champ et compliquer (en raison même de la multiplication des moyens) le grand œuvre.

Sans doute, une assertion aussi grave ne saurait être émise sans preuve ; nous la justifierons en nous fondant : d'abord sur ce que la Chimie, telle qu'on la définit, ne se distingue point assez nettement des autres sciences auxquelles on la peut et doit opposer ; puis sur ce que, telle

---

[1] En voici l'aveu textuel fourni par un chimiste célèbre : « Les propriétés des corps simples et composés sont probablement (?) fonction de la nature intime des atomes, de leur forme, de leurs modes de mouvement. Mais ces choses là sont incertaines, inconnues. Voilà pourquoi, avec des notions imparfaites sur l'essence même des atomes, la théorie ne prévoit ni les formes de combinaison ni les propriétés de celles-ci. Ceci est affaire d'expérience. » (Wurtz; *La Théorie atomique*, liv. I.e, IV.)

qu'on la construit, elle procède ou marche aveuglément et comme au hasard, en l'absence de toute méthode rationnelle d'investigations ainsi que de principes sûrs et complets, n'impliquant point en eux-mêmes, et d'avance, autant ou plus de mystères qu'on en peut vouloir résoudre plus tard par leur moyen.

5. La Chimie n'est point encore, disons-nous, rangée catégoriquement à la place qui lui convient dans la nomenclature des sciences ; et la raison en est qu'on a négligé jusqu'à ce jour de remarquer attentivement avec quelles autres on la peut comparer. Qui croirait, par exemple, qu'Ampère en a fait un simple *procédé* dans sa classification, et que Cournot l'a rangée dans la sienne en face de la cristallographie?.. Combien moins, alors, a-t-on dû la soupçonner d'être en intime connexion avec la Métaphysique? Cependant il ne nous semble pas ici malaisé d'aller droit au but. La Chimie n'est point évidemment une science assimilable, par exemple, à la Politique, à la Médecine, à la Jurisprudence, etc.; mais les sciences auxquelles elle s'oppose en

manière d'*espèce*, doivent avoir un même *genre prochain* avec elle. Or, nous croyons reconnaître un semblable genre prochain dans la dénomination de *physique*, qui lui convient parfaitement. Seulement ce genre prochain peut être pris en divers sens, à savoir : *objectivement* ou *subjectivement*, et *positivement* ou *négativement*. N'ayons d'abord égard qu'à cette dernière distinction. Pris négativement, il constitue la *Métaphysique*, comme science *physique* générale mais *abstraite*. Pris positivement, il constitue la *Physique* proprement dite, comme physique générale encore, il est vrai, mais néanmoins déjà concrète en partie, ou bien encore à la fois abstraite et concrète, c'est-à-dire *formelle*. Dans cette double acception, toutefois, ce même genre prochain n'est encore envisagé qu'*objectivement*; essayons alors de le prendre *subjectivement*, c'est-à-dire, imaginons de ne l'appliquer qu'à des êtres subjectivement déterminés comme activement ou passivement individuels : dès-lors, nous sortons évidemment du champ de la Métaphysique ainsi que de la Physique proprement dite, pour passer sur celui de la *Chimie* considérée comme physique *exclusivement concrète* et *particulière*.

La Chimie nous semble déjà suffisamment caractérisée comme *science physique* par ce que nous venons de dire ; mais il peut n'être pas inutile d'insister sur ce point et de montrer en outre comment, une fois *spécialement* distincte de la Métaphysique et de la Physique proprement dite, elle en diffère encore *absolument*. D'abord, la Métaphysique, étant et restant physique *générale*, roule sur une relation de même ordre, c'est-à-dire générale ou très-extensive, et par suite (suivant une certaine manière de parler) très-vague : la relation du *Réel* à l'*Imaginaire*. Puis, la Physique proprement dite faisant un premier pas vers le concret et devenant par là-même une science *semi-réelle* ou *formelle*, roule sur une relation pratique bien mieux accentuée déjà : la relation du *Rationnel* à l'*Irrationnel*. Mais nous savons par nos précédents travaux (2ᵉ série, nᵒ 3, § 7) que, indépendamment de ces deux premières relations, il en existe une troisième et dernière, tout à fait pratique ou la plus proche de l'absolue Réalité, qui est la relation du *Positif* au *Négatif*. Approprions alors à la Chimie cette troisième relation, et nous en verrons aussitôt la spécialité ressortir *absolument* avec toute la précision et la clarté désirables.

Effectivement, de quoi s'agit-il en Métaphysique, sinon de ce premier rapport ralliant *imaginaire* à *réel*, ou bien *idées* à *choses*, qui s'appelle *vérité*? Et de quoi s'agit-il pareillement en Physique proprement dite, sinon de cet autre rapport d'*Irrationnel* à *Rationnel*, ou de *forces* spirituelles à *corps* matériels, dont l'objet est le *monde extérieur*, palpable et visible à tous? Mais, de même que la première relation d'*imaginaire* à *réel* s'aggrave ou se détermine en se transformant en celle mieux dessinée d'*irrationnel* à *rationnel*, celle-ci s'aggrave et se détermine encore plus quand, une fois dissoute pour mettre à nu ses éléments respectifs, elle se résout en celle de *négatif* à *positif*, dont les termes ne permettent pas le moindre soupçon de réduction ultérieure. On entrevoit d'ailleurs aisément que cette dernière relation est la même que celle de *forme* à *matière*, ou d'*ensemble* à *élément*. Donc, au lieu que la Métaphysique et la Physique proprement dite peuvent être définies, l'une : la science du rapport des *idées* aux *choses* ; l'autre : la science du rapport des *forces* (ou *vitesses*) aux *corps*, la Chimie peut être à son tour définie : la science du rapport des *formes* (ou *ensembles*) aux *éléments*.

4. Nous venons d'assigner méthodiquement à la Chimie son rang au nombre des sciences ; occupons-nous maintenant de la diviser et de l'ordonner en elle-même. Pour la commodité de notre exposition, nous la diviserons, dans ce travail, en *théorique* et *pratique* ; mais, cette division n'en atteignant pas la nature, nous devons en indiquer une autre plus réelle, et nous demanderons cette dernière à la définition que nous donnions tout à l'heure de cette science.

Puisque (d'après cette définition) la Chimie, science physique, est la connaissance du rapport des *formes* ou *ensembles* aux *éléments*, et que notoirement ces formes ou ces ensembles sont, seuls, immédiatement donnés ou perçus, les vrais éléments des corps n'apparaissant jamais de prime-abord sous le manteau des phénomènes visibles et palpables qui les déguisent ou dérobent à nos sens, force nous est évidemment de n'avoir égard en premier lieu, pour nous orienter, qu'à leurs *ensembles* apparents ou formels, et de chercher à déduire de ces mêmes ensembles le fondement de division à découvrir. Il n'est pas nécessaire de beaucoup réfléchir à ce propos pour reconnaître que l'idée d'*ensemble* revient à celle d'*union*. Cette idée d'*union*, étant ici l'idée fondamentale, en implique par là-même sous sa généralité plusieurs autres respectivement subordonnées ou spéciales; mais avant d'en assigner les *espèces*, nous en signalerons l'opportune corrélation avec une troisième idée déjà bien connue de nous: la *centralité*. Peut-il y avoir union sans concentration réelle ou formelle, et par là-même centralisation, centre ou centralité? Manifestement, non. Puisque les deux idées d'union et de centralité sont intimement corrélatives, il est donc bien naturel de préjuger ou de penser qu'elles s'appliquent ou se divisent de la même manière. Or nous savons déjà (1ʳᵉ série, n° 9) qu'il existe quatre sortes de *centralités :* la *réelle*, la *formelle*, la *virtuelle* et l'*imaginaire*. Donc, infailliblement, il existe encore quatre sortes analogues d'*unions*. Cependant, cette première connaissance générale par voie d'induction ne suffit pas, et nous devons maintenant chercher à la formuler par voie de déduction, tout à fait comme nous procédions naguère quand nous nous occupions de trouver à la chimie sa véritable place dans la nomenclature des sciences physiques.

Nous avons acquis déjà pour cela l'idée fondamentale, en assignant pour objet spécial ou particulier de cette science la relation respectivement absolue de *positif* à *négatif*.

5. Conformément à cette première idée fondamentale, toute union peut être déjà reconnue *positive* ou *négative*. Mais cela peut et doit se prendre encore en deux sens, par suite de deux nouveaux points de vue qui s'y rattachent essentiellement, et qui sont ceux d'*interne* et d'*externe* ou (ce qui revient au même) d'*immédiat* et de *médiat*. Plaçons-nous d'abord au premier de ces deux points de vue : l'*interne* ou l'*immédiat*. Immédiatement envisagés comme intérieu-

rement unis, deux termes sont *imaginaires* en tant que distincts, et *réellement* uns comme confondus. Alors, la distinction est imaginaire et l'identité réelle, tout à fait comme on conçoit qu'il en est ainsi dans l'union de l'âme et du corps. En effet, l'âme et le corps sont-ils deux êtres *absolus* distincts ou deux *personnalités* absolues? Nullement; cela se confond en un ou ne fait réellement qu'un. Donc, là, la distinction est imaginaire, et l'identité réelle. C'est l'Union *absolue*. Au contraire, considérons un couple d'une autre nature, tel que celui de l'homme et de la femme. Ces deux nouveaux termes nous apparaissent *réellement*, sensiblement, deux, et *formellement*, intellectuellement, uns. Donc, ici, la distinction est réelle et l'identité imaginaire. C'est l'Union *relative*.

Cependant, il ne faudrait point regarder pour cela ce dernier mode d'union comme inférieur en rien au précédent, car ils ne diffèrent que d'aspect. L'Union *absolue* sensible est *intensivement* infinie; l'Union *relative* intellectuelle l'est *extensivement*. De là résulte sans doute, pour leurs effets ultérieurs, une différence importante à considérer et consistant à concéder à l'Union *absolue* sensible (en raison de son *intensité*) la simple généralité de *fait*, pour réserver à l'Union *relative* intellectuelle (en raison de son *extension*) la généralité d'*idée*. Car, n'importe que l'Union *absolue* sensible soit le principe nécessaire ou le postulat obligé de l'Union *relative* intellectuelle : — cette préexistence indispensable de la première Union à la seconde n'étant qu'un fait exceptionnel incapable de se répéter au même titre, puisque toute ultérieure intervention de sa part devra se construire dans le cadre de l'idée pour laquelle il ne sera jamais plus qu'un élément, — l'Union relative intellectuelle, à peine une fois apparue, prend sur sa devancière tout l'ascendant du droit ou de la règle sur le phénomène physique accidentel ; et par suite, abstraction faite de l'ordre fatal qui subordonne une seule fois à l'origine des choses l'Union *relative* intellectuelle à l'*absolue* sensible, nous pouvons et devons établir ici sans difficulté qu'elles sont entre elles, la première, comme un simple type *actuel* de quantité, de totalité, de nombre, et la seconde comme un type *formel* de qualité, de grandeur ou de genre; c'est pourquoi toute la généralité précédente de l'une dans l'ordre des *actes* se convertit pour l'autre en la généralité subséquente et bien supérieure de la *puissance* dans l'ordre des idées. Mais de prime-abord, encore une fois, on n'a nulle raison de préférer l'une à l'autre. Elles sont donc originairement équivalentes.

Nous venons de considérer les deux sortes d'Unions *positive* et *négative* au point de vue du dedans ; jugeons-en maintenant au point de vue du dehors.

Dès-lors que nous devons désormais regarder l'Union comme seulement effectuée du dehors, les deux termes comparés ne peuvent plus être censés quantitativement ni qualitativement *uns* en eux-mêmes, et, s'ils ne laissent point malgré cela d'être *uns* à certains égards, ils ne le sont plus que médiatement et virtuellement à la faveur, ou de la *fin* unique à laquelle ils tendent en commun, ou du *principe* unique encore dont ils proviennent tous deux. C'est ainsi, par exemple, que, si deux enfants sont issus des mêmes père et mère, ils sont nécessairement uns en *principe* dans leur source commune, et que, si ces deux mêmes enfants devenus grands s'unissent maritalement, ils sont également un par la *fin* ou l'identité formelle dans laquelle leurs deux existences vont, sans détriment de leur distinction préalable, concourir et se confondre. L'union de ces deux enfants est clairement dans les deux cas médiate, puisqu'elle n'existe alors qu'en *souvenir* ou *prévision :* d'abord, en souvenir, comme impliquant en principe un seul couple producteur ; puis, en prévision, comme instituant après coup un couple reproducteur. Mais, suivant ce que nous disions naguère, à l'état de *souvenir*, elle rappelle un simple fait radical, indéfiniment réitérable à titre précaire d'*accident* physique, quand, à l'état de *prévision*, elle évoque une idée fixe, radicale encore à sa manière, mais, outre cela, toujours et partout applicable, et par conséquent essentiellement régulatrice, universelle ou souveraine. Les deux modes d'union médiate ne sont donc plus, comme ceux d'union immédiate, complètement équivalents, mais l'un d'eux l'emporte cette fois considérablement sur l'autre, et nommément, l'Union par la *fin* prime l'union de *principe*, de la même manière que le droit rigoureux prime la force brute tout à fait nulle hors de son heure ou de son temps irretrouvable en l'éternité entière. Ainsi, nous pouvons bien qualifier en définitive l'union par la *fin* d'union *rationnelle* ou *nécessaire*, et l'union par le *principe* d'union simplement *actuelle* ou *contingente*.

Les unions sont donc, comme les centralités, au nombre de quatre, et divisibles en deux groupes spéciaux, ainsi que désignables par les noms d'union : *absolue*, comme celle de l'âme et du corps; *relative*, comme celle de l'homme et de la femme ; *rationnelle*, comme celle du bonheur et du mérite ; *simplement actuelle*, comme celle du plaisir et du vice.

6. Sans rien changer à ces prémisses, mais plutôt en nous y référant et les présupposant toujours, nous nommerons désormais autrement les quatre Unions déjà trouvées, et nous appellerons *unitaire* l'union absolue, *binaire* l'union relative, *ternaire* l'union rationnelle, *quaternaire* l'union simplement actuelle. Le nom d'union

unitaire pourrait ici sembler un moment défectueux, parce qu'on ne conçoit point de prime-abord d'union possible en un seul terme ; mais on doit finir par l'admettre avec nous, si — comme nous l'avons fait — on maintient la distinction *imaginaire* ou fictive des termes, au moment même où l'on ne laisse point de n'en reconnaître en *réalité* qu'un seul. Est-ce que l'homme n'est point une vraie personnalité singulière et absolue, quoiqu'on soit forcé de se le représenter comme âme et corps tout à la fois ? Mais l'homme étant à la fois un et double — et pourtant seulement imaginairement double, réellement un — il est bien évident qu'il nous offre un cas d'union *unitaire*, c'est-à-dire d'union dans laquelle, par l'imaginarité des termes comparés, la combinaison se consomme et aboutit à l'unité *réelle*. Si, par défaut de la consommation exigée dans ce premier cas, l'union n'aboutissait point à l'identité de fait et restait à l'état d'identité de raison ou d'idée, les deux termes réunis ne s'évanouissant plus, l'union serait seulement *formelle*, ou réelle et binaire à la fois, comme dans l'homme et la femme conjugalement unis. Mais encore, avant d'être ainsi conjugalement unis, deux êtres unisexuels opposés n'apportent-ils point une certaine tendance préalable à l'union conjugale; et ne s'y peuvent-ils même préparer plus ou moins prochainement, par exemple, par des fiançailles? Alors, l'union étant médiate et l'étant même par la fin, elle offre ce caractère intrinsèque de validité *virtuelle* et *formelle* tout ensemble, que nous avons cru devoir qualifier de *rationnelle* ou nécessaire, comme éminemment intellectuelle en principe et perpétuelle en son genre. Cependant, comme en elle la nécessité de fait ne s'adjoint point à la nécessité de raison, l'Union alors présupposée flottante entre sa conclusion définitive et sa rupture, définitive aussi, présente un double caractère de *composition* et de *simplicité* simultanées, dont l'aspect ne saurait être mieux déterminé qu'en appelant *ternaire* le tout ainsi construit. Admettons, après cela, que l'Union ternaire ou (suivant une autre manière de parler souvent utile) *sesqui-binaire* s'accomplit, comme quand des fiançailles on passe aux noces : nous rétrograderions par là-même de la troisième sorte d'Union à la seconde, si nulle nouvelle considération ne venait s'ajouter aux précédentes. Mais qu'est-ce qui nous empêche d'avoir à la fois égard au nouveau couple issu d'un précédent, et au couple précédent origine du nouveau, c'est-à-dire de prendre ensemble deux couples consécutifs et de les associer en couple de couples? Ce nouveau mode d'association ne répugne point évidemment, puisque nous avons déjà reconnu la *réalité* des deux Unions *absolue* et *relative* internes, impliquées ici par l'un et l'autre des deux couples possibles en relation externe. Donc, tout comme on conçoit la possibilité d'unions ternaires ou sesqui-binaires, on conçoit encore — par l'accidentelle transformation plus avancée de ces mêmes Unions — l'avènement d'Unions *quaternaires* en leur tout ; c'est pourquoi le nombre des Unions qualitativement discernables reste bien tel que nous l'avons déjà fixé, mais se trouve néanmoins bien mieux déterminé désormais par le nombre même des termes réels employés à figurer dans leurs ensembles, d'autant moins intimes et stables que ce nombre est plus grand.

7. Ici parvenu, nous pouvons entreprendre de résoudre une question que les Chimistes

osent à peine aborder au bout de leurs travaux, et qu'alors même ils s'avouent impuissants à décider : c'est de savoir si la matière est indéfiniment transformable, ou bien si elle se compose d'atomes essentiellement différents et complétement invariables. Nous savons, par ce que nous avons déjà dit, qu'il existe deux sortes d'Unions *réelles* : l'une *absolue*, radicale, essentiellement unitaire ; l'autre *relative*, radicale encore à sa manière, mais moins profonde et binaire. Pour bien exposer ici ce que nous pouvons vouloir dire par là, reprenons l'idée des centralités et rappelons-nous que les deux premières sortes de centralités sont la *circulaire* et l'*elliptique*. Dans la centralité *circulaire*, le centre n'est pas seulement centre, mais foyer : deux fonctions s'y superposent ou réunissent donc ; mais, comme elles y sont physiquement coexistantes, elles ne font qu'un en *réalité*. De la centralité réelle *circulaire* passons alors à l'*elliptique*. Celle-ci suppose le centre et les foyers disjoints ; mais, pourtant, les deux foyers ont un même centre réel, au moins en manière d'idée, de type. Donc, déjà, nous savons bien par là que la *réalité* peut changer, et que, par exemple, elle peut devenir, d'une, double. Mais, par la même raison, pourquoi ne deviendrait-elle point encore indéfiniment triple, quadruple, etc.? Pour comprendre qu'il en peut et doit être ainsi, nous n'avons qu'à passer du cas de l'ellipse à ceux de la parabole et de l'hyperbole. En effet, entre l'ellipse et la parabole, il n'y a pas d'autre différence qu'une incommensurable distance d'un foyer quelconque au centre correspondant; et, entre l'ellipse ou la parabole d'une part, et l'hyperbole de l'autre, il n'y en a pas d'autre qu'une irréductible hétérogénéité de position entre les centres *réels* des deux premières figures (ellipse ou parabole) et le centre *imaginaire* de la troisième (hyperbole). Or, qu'est-ce qui pourrait nous empêcher de multiplier indéfiniment des centres, soit *virtuels* comme ceux de parabole, soit *imaginaires* comme ceux d'hyperbole?... Donc la *réalité*, déjà reconnue susceptible de devenir, d'une, double, peut et doit par là même (le cas échéant) devenir indéfiniment multiple ou bien se transformer sans fin dans l'espace et le temps.

Cependant, en même temps que la *réalité*

première peut indéfiniment ainsi se modifier ou se transformer, pouvons-nous admettre qu'elle ne passe point par certaines phases toujours nettement définies, irréductibles et perpétuelles, dont il est impossible de faire jamais complétement abstraction? Par exemple, quand elle sort du cercle, n'est-il pas nécessaire qu'elle passe à l'ellipse avant de se traduire en parabole ; et, quand elle ne se tient point dans les formes de l'ellipse et de la parabole, ne doit-elle point dégénérer irrévocablement en hyperbole? Les mathématiques nous apprennent que les formules de ces figures ne peuvent jamais se convertir l'une en l'autre. Dès que certains coëfficients et certains signes des variables sont donnés, la figure corrélative est infailliblement donnée du même coup ; et puisque les formules sont irréductibles, les figures le sont aussi. Donc il y a des *types* ou des modèles intelligibles, préexistants à tous actes réels ; et, si la réalité *physique* ou sensible est un vrai protée, la réalité *formelle* ou rationnelle ne l'est pas. Ce n'est donc pas la matière qui s'oppose à la transformation des prétendus atomes : c'est la seule formalité (fixe et variée tout à la fois, sous laquelle tombent les innombrables parcelles de la matière), qui soustrait cette dernière à son indétermination primitive, ou l'empêche incessamment d'y retomber. En d'autres termes, le principe de la distinction perpétuelle des formes matérielles ne réside point dans la primitive constitution même de la matière, mais dans *l'ordre de la génération de ses divers états rationnellement subordonnés et co-ordonnés entre eux comme les régulières divisions d'un échiquier.*

C'est ainsi que les lois de l'optique restent invariables, pendant que les phénomènes chromatiques varient à l'infini. La matière, quel qu'en soit le fond (électrique, calorifique?) ne saurait être plus invariable que le spécimen qui nous en est offert par la lumière sensible.

8. Une grande conséquence découle de la conclusion à laquelle nous venons d'aboutir ; mais, avant de l'indiquer, nous croyons devoir nous expliquer sur certains points particulièrement remarquables, tels que la *nature*, même intrinsèque, de la matière, ses *formes* habituelles et son mode d'*organisation* en général.

D'abord, si la matière est (comme nous le démontrions tout à l'heure § 7) un vrai protée susceptible de toute sorte de formes, c'est qu'en elle-même, originairement, elle n'en possède aucune, et s'en peut seulement revêtir par occasion. Une activité radicalement informe de la sorte, mais pourtant informable, est ce qu'on appelle une *intensité*. Tout d'abord la matière est donc seulement *intensive*. Mais intensive ou grosse de quoi ? Quelle en est la nature ? S'il ne s'agissait ici que d'en indiquer l'*absolue* qualité physique, nous l'aurions déjà suffisamment désignée par le mot *activité* ; mais, voulant passer de l'absolu au relatif et connaître jusqu'au *genre particulier* d'Activité radicalement propre à l'être matériel, nous devons ici nous rappeler qu'elle en comporte trois *variétés*, comme pouvant être indifféremment électrique, calorifique ou lumineuse. Est-ce que, en effet, la lumière et l'électricité ne sont point susceptibles d'*intensité*, comme le calorique ? S'il y a des *flammes* très-légères et presque inoffensives, on connaît aussi des *décharges* électriques très faibles et des *lueurs* phosphorescentes à peine sensibles ; mais parfois aussi les éclats de l'électricité deviennent foudroyants, la lumière du soleil est éblouissante, et ces effets rivalisent bien avec l'extrême incandescence de certains foyers de chaleur. L'*intensité* matérielle n'exclut donc aucun genre d'activité réelle ; et ceux qui, par conséquent, demanderaient un fluide particulier pour chacun des agents physiques connus, n'auraient pas tout à fait tort. Néanmoins, vient-on à considérer que l'électricité consiste en simples vitesses ou mouvements *de transport*, que de même la lumière consiste en simples vitesses ou mouvements *figurés*, et qu'en outre ni l'électricité ni la lumière ne sont imaginables sans données physiques préalables, alors nécessairement calorifiques, on n'a pas de peine à se croire dispensé de maintenir au rang des matérialités absolues les intensités *électrique* et *lumineuse*, et par là-même induit à regarder tous les êtres matériels comme radicalement constitués de *calorique*, ou comme de grosses ou petites *quantités* de cet agent. Du reste, on ne manque pas de preuves positives à l'appui de cette manière de voir. Ainsi, d'abord, on est métaphysiquement certain que le Sens radical, auquel le calorique a principalement trait, est la puissance originaire d'où l'Intellect et l'Esprit surgissent coup sur coup, comme la lumière et l'électricité surgissent à leur tour d'une première donnée matérielle indispensable à leur apparition. Puis, on sait très-bien encore par expérience que la capacité calorifique des éléments matériels de différente espèce est en raison inverse de leurs pesanteurs spécifiques, ce qui suppose qu'ils sont déjà constitués de calorique : car, plus une chose est saturée d'une autre, moins elle en peut recevoir. Nous pouvons donc admettre que tout être matériel est avant tout une certaine somme ou quantité d'*intensité calorifique*.

Relativement aux formes que cette même intensité peut revêtir, nous distinguerons entre ses formes *objectives* ou *subjectives*. Nous en connaissons déjà les formes possibles *subjectives*, réductibles aux trois manières d'être: *calorifique*, *électrique* ou *lumineuse*. Les formes *objectives* nous semblent au contraire devoir être ramenées à celles des trois règnes: *animal*, *végétal* et *minéral*, qu'on sait être respectivement irréductibles et réunir d'ailleurs en soi tous les modes possibles de manifestations vitales. On établit maintenant très-bien en physique que les modes subjectifs d'agir du calorique, de la lumière et de l'électricité sont (à leur nature spéciale près) complétement identiques ; mais on ne saurait dire la même chose des manifestations extérieures de la vitalité. Car la vie propre, par exemple, au règne animal, n'est pas de même espèce que les vies propres aux deux autres règnes végétal ou minéral. Ces trois vies, différant alors essentiellement entre elles, mais pouvant néanmoins convenir — toutes les trois — à tous agents réels ou subjectifs, sont comme trois types consécutifs sous lesquels il leur est loisible de fonctionner ou de figurer au dehors, chacun à part, et ces trois types, se distinguant en outre parfaitement (d'après ce qui précède) de la matière sensible ou spécialement calorifique, s'y rattachent ainsi seulement à l'instar de *formes intellectuelles* ou lumineuses adaptées comme de dehors à leurs opérations internes.

Enfin, considérons-nous en général comment la matière entre dans les ensembles formels *animés*, *végétaux* ou *cristallins* : tout autant que nous faisons provisoirement abstraction de l'acte différentiel donnant naissance aux trois Règnes, nous l'y voyons entrer par un même procédé commun aux trois, et consistant en agrégation *moléculaire* de *semblable* à *semblable*, d'où résultent, par trois fois, des touts homogènes ou semblables encore. Ainsi, les cristaux sont des ensembles homogènes de molécules homogènes réunies par lignes et plans. De même, les végétaux se composent de fibres ou de tissus homogènes dans toutes leurs parties ; et, dans les animaux encore, si la quantité de sang augmente, si les molécules grossissent, si les os s'allongent, c'est parce que toujours, à mesure que la circulation s'opère, le sang se réunit au sang, la chair aux muscles, et l'ostéotide aux os. Sous ce rapport, il n'y a donc point de différence à faire entre les trois règnes de la nature ; le principe des *Homéoméries*, anciennement entrevu par Anaxagore, préside à la formation de tous les règnes, sauf leur premier établissement, dont il est bien inhabile à rendre compte ; et, si nous venons par conséquent à bout d'en expliquer la première origine, nous aurons bien par là-même épuisé la question ou résolu le problème actuel jusqu'à sa racine (§ 11).

9. Les éclaircissements précédents une fois donnés, reprenons le fil de nos idées et tirons du § 7 la conséquence laissée provisoirement en suspens, à savoir : que les *atomes* matériels, admis dans la science comme *réels*[1] et nommés *oxygène*, *hydrogène*, etc., n'existent point réellement, mais sont de simples *états physiques*, refluant, de certaines puissances intellectuelles et sensibles, sur d'autres intellectuelles et sensibles encore : c'est pourquoi, si par hypothèse ces deux sortes de puissances *actives* et *passives* opposées n'existaient pas, nul des prétendus corps simples admis n'existerait aussi. Conçoit-on bien, en effet, ce que sont ou peuvent être des données simplement objectives, rejetées par leurs représentants naturels *hors d'eux-mêmes*, et par suite

---

[1] Il peut être opportun d'annoter ici que, dans son sens le plus large, le mot *réel* convient à la fois au *rationnel* et à l'*irrationnel*, opposés à l'*imaginaire*, mais que, dans un sens restreint, il désigne le *rationnel* opposé à l'*irrationnel*, et, dans un sens plus restreint encore, le *positif* opposé au *négatif* : et le *négatif* est alors le *formel*.

dépourvues *intrinsèquement* de l'élément subjectif propre à les compléter ? Ce sont de vrais ou purs *imaginaires*. Or, des imaginaires qui ne sont que cela, ne peuvent évidemment être réels. Donc les prétendus atomes matériels n'existent point réellement [1].

---

[1] Ce qui n'est point (*proximè*) réel en soi, peut-être (*remotè*) réel en autrui, c'est-à-dire dans le sujet-objet dont il représente, en gros ou en détail, les *poses* statiques ou les *phases* dynamiques *actuelles*. Mais on nous dira : Si les atomes ne sont que des nullités ou des zéros, comment peuvent-ils apparaître animés de forces attractives, répulsives... ? La réponse à cette question est dans ce que nous venons de dire. Tous mouvements apparents externes répondant à des mouvements réels internes en la manière dont les variations de cotangente et de tangente, ou de cosécante et de sécante, répondent à des variations de cosinus et de sinus, et tous mouvements impliquant d'ailleurs avant ou sous eux des forces analogues aux vitesses sous-tendantes, il suit du grand principe radical de l'identité du Réel et de l'imaginaire, que les faits apparents objectifs et les faits réels subjectifs se distinguent et s'opposent constamment, comme se servant respectueusement ou de principe ou de terme absolu, suivant qu'on passe, en eux et par leur moyen, de l'interne à l'externe, ou de l'externe à l'interne ; le Sens faisant office d'agent *opérateur* dans un cas, et l'Intellect faisant office d'agent *représentatif* dans l'autre.

Est-ce à dire pour cela qu'on pourrait se dispenser de les poser ? Nullement. Les atomes sont des positions fictives à la vérité, mais pourtant *fatalement* reconnues dans le pêle-mêle des êtres réels corrélatifs, qui n'ont point leurs deux faces *objective* et *subjective* à leur pleine disposition, et qui sont par là-même incapables d'en faire à chaque instant l'usage qu'ils voudraient. Car, les ayant à leur pleine disposition, ils comprendraient trop, à la manière des prestidigitateurs, — le secret de leur propre jeu pour y croire ; mais, ne disposant que très-imparfaitement des phénomènes extérieurs, et ne sachant point en outre quels vrais ressorts les font mouvoir ou varier, ils ne craignent point de les prendre au sérieux et d'en réputer réelle toute portion moins mobile ou respectivement fixe, non par la réalité qui lui fait totalement défaut, mais par les bornes de leur propre puissance, à laquelle la *résistance des phénomènes au changement* peut servir de *mesure*. Absolument envisagé, le jugement de ces êtres impuissants sur le monde extérieur est complétement faux ; mais, relativement, il ne laisse point d'être vrai, puisqu'il exprime un fait réel ; et c'est alors à ce dernier point de vue que nous nous placerons quand, désormais, pour parler comme les physiciens, nous semblerons admettre avec eux la réalité des principes matériels ou des atomes.

Une conséquence en amène une autre. Aujourd'hui, l'on tient en Chimie pour une énorme *hérésie* d'admettre que les éléments primitifs ou corps simples sont transmutables l'un en l'autre. Cependant, cette énorme hérésie, nous l'admettons en plein et sans le moindre scrupule, en nous fondant sur ce qui vient d'être dit. Car, si la réalité de ces éléments ou corps simples n'est que phénoménique, ou bien s'il ne faut entendre par là que des *états physiques* ou mieux *psychiques*, objectivement représentés, il doit apparaître aussi naturel de les concevoir produits par transmutation les uns des autres, que de regarder nos propres états psychiques ou subjectifs de vision ou d'audition comme engendrés de la même manière. Est-ce que, en effet, nous ne passons point journellement, et par le simple jeu de notre organisme, d'une sensation à l'autre en tout genre de perception, comme, par exemple, dans l'ordre des tons, du grave à l'aigu, du fort au faible..., ou dans l'ordre des couleurs, du blanc au noir, du rouge au vert....? Or, si les éléments primitifs ou corps simples ne sont *objectivement* que des états psychiques assimilables aux états *subjectifs* d'audition ou de vision, il n'y a pas la moindre raison de leur dénier (en principe du moins) une semblable variabilité réelle, quand surtout elle vient si bien à point pour expliquer des faits inexplicables autrement, tels que, par exemple, ceux d'*isomérie*. L'on ne saurait nier, en effet, que les substances isomères, *élémentairement* homogènes, ne se comportent physiquement ou chimiquement d'une tout autre manière, soit comme formant des composés dissemblables, soit comme accusant un pouvoir rotatoire différent, etc. Puisque cette différence d'actions chimiques ou physiques s'allie chez ces substances avec l'identité de nature ou d'éléments, il faut alors admettre que les mêmes éléments joignent à leur invariabilité *formelle* une variabilité *réelle* qui leur permet d'endosser successivement plusieurs sortes de valeurs capables de leur donner une apparence d'agents hétérogènes, et, de cette variabilité réelle à la variabilité formelle, il n'y a manifestement qu'un pas à faire, dont la *vie* naturelle, sinon l'*art* humain, peut avoir le secret. Les alchimistes qui recherchaient la pierre philosophale, n'erraient donc point par la folle poursuite de l'impossible, mais par la sotte présomption d'arriver à réaliser par l'*art* ce qui n'est possible qu'à la *vie* naturelle. Tous les types *naturels* sont des types *humainement* invariables.

10. Quels sont ces types naturels élémentaires ? Nous en trouverons l'idée dans ce que nous avons déjà dit, c'est-à-dire dans la distinction des quatre sortes d'Unions : *unitaire*, *binaire*, *ternaire* et *quaternaire*. Cette distinction est plus ou moins explicitement consignée dans tous les *anciens* [1] traités de Chimie sans excep-

---

[1] Dans les *nouveaux* traités de Chimie, l'on touche à peine à ces questions pour mémoire ; mais ce mépris de la théorie dualistique ne prouve que la superficialité des idées courantes, si chèrement expiée par l'inintelligence des grandes données, tant expérimentales que métaphysiques, mathématiques ou logiques. Expérimentalement, le dualisme s'impose dans l'emploi de la teinture de tournesol, dont la gyration au *rouge*

tion. Un chimiste connu (Lepec de la Clôture) a dit : « Quant à l'affinité, cette force qui réunit les atomes constituants, l'observation prouve qu'elle n'a d'action que sur deux, trois, quatre et rarement cinq atomes différents, car on ne connaît guère de composé plus complexe que le quaternaire. » Mettons, là, de côté, soit la mention de la force d'affinité, comme actuellement superflue, soit le ton dubitatif qui s'y révèle comme gratuit : il reste avéré que notre quadruple division d'unions règne sans contestation dans la science, avec une simple variante d'interprétation mais non d'emploi ; car, lorsqu'il s'agit de l'appliquer, les chimistes l'appliquent comme nous, ou plutôt nous l'appliquons comme eux.

et au *bleu* dénote on ne peut plus clairement les deux phases *intensive* et *extensive* de l'Activité. Métaphysiquement, ensuite, qui ne sait que l'Activité se divise en *agressive* ou *passive* ? Mathématiquement, qui n'admet l'opposition radicale entre *termes et facteurs* ? Logiquement, enfin, qui ne saisit l'irréductibilité des deux idées d'*agrégation* et de *combinaison* ? Vouloir éviter la théorie dualistique, c'est donc s'exposer à violenter et à fausser d'un seul coup toutes les idées. Le principe *acidifiant* est l'*activité* ; le principe *basifiant*, la *passivité*.

Ainsi, personne n'ignore que l'union *quaternaire* est la base des organisations *animales*, et que l'union *ternaire* préside à toutes les organisations *végétales*, d'où il suit que l'union *binaire* est seule indispensable aux composés *minéraux*, en dehors desquels il n'existe plus que les atomes isolés, livrés au régime radical des unions *unitaires*. Cependant, quoique attentif à discerner, soit toutes les classes possibles d'unions, soit même tous leurs modes généraux et respectifs d'application, les Chimistes, qui ne complètent point ces premières notions par la distinction du fond et de la forme ou de l'essence et de l'accident, n'y savent reconnaître aucune figure de types constitutifs, au lieu que nous pourrons les y reconnaître sans peine à l'aide de notre méthode des quatre *centralités*, en ayant seulement soin de ranger en face de chaque classe d'Unions la centralité qui lui convient.

Rappelons-nous ici le but exclusif de la Science chimique, que nous avons dit être la détermination du rapport de *Négatif* à *Positif*, ou d'*Ensemble* à *Élément* (§ 4). Les Ensembles nous sont connus : ce sont les quatre sortes d'unions *unitaire*, *binaire*, *ternaire* et *quaternaire*. Les Éléments (n'importe la différence d'interprétation entre les chimistes et nous, qui les érige en *réalités* pour les uns et en *idéalités* pour les autres) nous sont connus de même : ce sont les prétendus atomes nommés *oxygène*, *hydrogène*, *carbone*, *azote*, etc. La seule chose à découvrir est donc le rapport actuel ou réel de ces deux termes d'*Ensemble* et d'*Éléments* non encore reliés entre eux par hypothèse. Eh bien ! nous avons dans notre méthode des quatre centralités un excellent moyen de fixer ou de déterminer ce rapport ; et ce moyen consiste à rapporter à chaque sorte d'union l'espèce de mouvement qui lui convient : par exemple, à l'union *unitaire*, le mouvement *circulaire*; à l'union *binaire*, le mouvement *elliptique* ; à l'union *ternaire*, le mouvement *parabolique*; et à l'union *quaternaire*, le mouvement *hyperbolique*. Affirmer, nous le savons, n'est pas prouver ; mais la preuve de ces assertions ne nous sera pas difficile après l'établissement du principe suivant, auquel nous avons dû nous préparer par tous les éclaircissements antérieurs.

11. Parlant en général, au § 8, de la formation *continuée* des composés *vivants* (et nous ne comprenons pas la nature *active* autrement que *vivante*), nous les avons dits, tous, formés de parties homogènes ou d'*homéoméries*, sauf la transition même d'un Règne à l'autre; car, pour ce point ou ce moment précis, il existe, entre les Règnes ou de Règne à Règne, un changement brusque et saillant, pareil à celui de deux ou de plusieurs morceaux de musique pour lesquels la clef changerait subitement. En conséquence, tous les Règnes de la nature se *continuent* ou se développent bien, une fois mis en train, uniformément; mais ils *commencent* aussi, tous et chacun, diversement, ou bien leur différenciation est tout spécialement initiale, puisque du commencement seul dépendent tous leurs états ultérieurs. Mais qui n'entrevoit déjà que telle est aussi précisément la constitution de tous mouvements construits sur le type des sections coniques, comme le *circulaire*, l'*elliptique*, etc.? Un mouvement *circulaire*, une fois donné, reste évidemment circulaire; un mouvement *elliptique*, une fois produit, se maintient ensuite ellip-

tique dans tout son cours ; et ni le *parabolique* ni l'*hyperbolique* ne sauraient jamais d'eux-mêmes faire exception à cette loi. Donc, si ces mouvements diffèrent à tout jamais, c'est précisément parce qu'ils diffèrent à l'origine ou bien parce que la différence en est (pour nous servir d'une expression consacrée par le langage religieux) *originelle*. Ainsi, dans ces quatre mouvements, le point caractéristique et décisif ou capital est l'*initial*, soit pour le lieu, soit pour le temps : c'est par conséquent le *central* ; et par conséquent encore, puisqu'il y a quatre systèmes irréductibles de centralités, l'on ne peut avoir en main les quatre centralités, sans avoir par là-même également en main les quatre clefs de toutes les variations possibles, célestes et terrestres.

De ce principe : *le point capital est le central*, voici maintenant comme tout s'ensuit en quelque sorte de lui-même. Nous demandons-nous ce qui fait la différence des formules de cercle, d'ellipse, de parabole et d'hyperbole : nous n'avons pas de peine à voir que ce n'est point l'*absolue* variation des constantes ni des variables, car les constantes y peuvent être quelconques, et les variables y sont toujours également (au moins en partie) du second degré. C'est donc seulement une certaine modification *relative* de ces mêmes données, accompagnée parfois d'un changement de signes. En d'autres termes, les différences n'en sont point des données *absolues*, mais des données *relatives* ; et de là vient que, avec de tout autres données absolues, on peut avoir les mêmes figures ou mouvements, quand, avec d'autres données simplement relatives, on a des figures ou des mouvements hétérogènes. La question différentielle n'est point ici par conséquent une question de quantité, de nombre, mais une question de qualité, de raison. Soient alors toutes les forces *égales* et tous les signes *positifs* : le mouvement devra manifestement être *circulaire* ; mais, dans son indétermination originaire, il conviendra bien à tous les cercles de sphère et pourra servir ainsi de symbole à la sphère même, qui est un solide du troisième degré. D'ailleurs, telle est en gros la sphère, tel est en petit le centre. Donc nous pouvons assimiler au mouvement *circulaire* rapporté à la sphère l'union centrale *unitaire*, et les représenter tous deux par l'unique symbole 1^2. Soient, au contraire, les forces *inégales*, les signes restant *positifs*: on sait que, dans ce cas, le mouvement doit être *elliptique* et varier; mais, variant, il se ferme; se fermant, il finit, et recommence sans cesse avec une vitesse du second degré. D'ailleurs, on conçoit parfaitement que deux atomes en agrégation *binaire* se trouvent dans le même cas. Donc, au mouvement elliptique, nous pouvons assimiler l'état central de combinaison *binaire*. Imaginons, maintenant, *soit* que les deux forces en présence, quoique très-différentes ou même de différent degré, varient entre elles uniformément ou se conservent indéfiniment dans le même rapport, *soit* qu'elles varient très-rapidement en sens contraire, l'une tendant d'autant plus à se fortifier que l'autre devient inversement plus faible: nous introduisons par là-même deux nouveaux cas où le mouvement devient notoirement, soit *parabolique*, quand la constance dans la variation annule tout espoir de restauration naturelle, soit *hyperbolique*, quand elle en fait disparaître jusqu'à la possibilité. Or, dans l'union *ternaire* et d'après la notion que nous en avons précédemment (§ 6) acquise, les choses se passent réellement comme si l'on avait toujours 1^2 d'une part et 1^1 de l'autre ; et, dans l'union *quaternaire*, en supposant du moins que les deux couples réunis s'y balancent entièrement, tout effet ultérieur n'est point sans doute exclu par cela seul, mais il est au moins certain que l'avénement n'en proviendra pas du dedans, et que par conséquent l'état interne en est bien réduit à l'absolu *statu quo*, c'est-à-dire à la forme 1^0 par rapport au dehors. Donc, nous pouvons encore assimiler au mouvement *parabolique* l'état central d'union *ternaire*, et au mouvement *hyperbolique* l'état central d'union *quaternaire*. En dernière analyse, les types d'*état central* pour les quatre sortes d'unions *unitaire, binaire, ternaire* et *quaternaire*, sont les termes potentiels respectifs 1^3, 1^2, 1^1 et 1^0.

12. Ces types sont des types de puissance objective *motrice, mouvante, mue, nulle*. Gradués, ils impliquent un saut évident (par abaissement d'exposant) d'un terme à l'autre. Comment ce saut s'opère-t-il ?

Commençons par remarquer à cet égard que dire *type de puissance* ou dire *type de variation*, c'est tout un, car une puissance n'est puissance que par la faculté d'*initiative* dont on la suppose douée. Mais une puissance en exercice ne monte pas ; elle descend au contraire, en mettant alors à découvert le fait inférieur au moins d'un degré dont elle est le principe. Ainsi, la première puissance dans l'ordre des actes ou des effets est la puissance 1^3, d'où sort la puissance 1^2 ; la seconde puissance dans le même ordre est la puissance, 1^2 ; etc. Par conséquent, le premier type ou le type 1^3 est le type d'une puissance en plein exercice. Mais il en est bien ainsi dans le mouvement *circulaire* naturel, renfermant en lui-même toutes les conditions possibles d'élongation, de vitesse, de constance, et par là-même parfait à tous égards, sauf peut-être un seul point : son *uniformité* ; car on peut bien se lasser un jour du plus beau spectacle, au moment où la monotonie s'en fait sentir. Donc, à la puissance même 1^3 revient ou convient la possibilité de sauter (objectivement), par acte libre ou spontané, du type 1^3 au type 1^2.

Supposons ce second type objectivement atteint : une des trois forces naturelles, celle que nous nommons *répulsion*, lui fait défaut, puisqu'elle est déjà satisfaite par sa seule réalisation ; mais il peut continuer à donner prise aux deux autres forces appelées, l'une attractive ou *centripète*, l'autre impulsive ou *tangentielle*, et il en trahit la présence ou le concours en son propre exposant. La force satisfaite se montrant alors désintéressée dans le conflit des deux autres, le type 1^2 est le type d'un exercice supporté par les deux seules forces centripète et tangentielle ; et, comme ces deux dernières sont inverses par nature et finies par hypothèse, le mouvement résultant peut être (ce qu'on voulait) *varié*, mais il n'en continue pas moins d'être *révolutif* ; il a même l'avantage d'aller et de venir oscillatoirement en deux sens opposés : seulement, ce qui peut sembler à certains égards un défaut, il ne permet point d'insister plus dans un sens que dans l'autre, et il laisse en conséquence à désirer un arrêt dans le sens où momentanément on se délecte le plus. Un être libre et capable de donner satisfaction à ce désir doit alors pouvoir sauter objectivement, du type actuel 1^2 au type entrevu possible 1^1.

Supposons de nouveau ce troisième type atteint : il est, par là-même, un type d'arrêt ou de constance dans un sens donné quelconque, et dès-lors encore un type parfait à sa manière (car la constance est une qualité), sauf qu'il ne permet plus de repasser arbitrairement ou à son gré, du sens adopté de préférence, au sens répudié librement. Mais est-ce qu'il ne serait point possible, se dit-on alors, de s'exercer à souhait dans les deux à la fois ? La raison répond : non ; mais la passion peut répondre : oui. Se livre-t-on à ce dernier parti : l'on peut bien goûter, dans un premier moment d'enivrement, un plaisir double ou plus grand ; mais ce vif plaisir, essentiellement éphémère, se convertit bientôt en désenchantement complet, et le résultat définitif est une impossibilité absolue de jamais plus s'exercer de soi-même en aucun sens. Ainsi, l'on décheoit du type 1^1 au type 1^0.

13. Toutes les questions agitées jusqu'à présent ont été des questions plutôt théoriques que

pratiques ; et sans doute il est temps que nous abordions ces dernières, si nous voulons aboutir à des résultats positifs, applicables à la chimie de laboratoire. Pour descendre avec avantage des hauteurs de la spéculation, sur ce nouveau terrain, nous commencerons par ériger dès ce moment en principe deux propositions dont nous empruntons la première à la *Psycho-physique* de Fechner[1], et dont la seconde n'est pas autre chose que l'affirmation renouvelée de l'*identité du Réel et de l'Imaginaire*, seule définition valable (suivant nous) de l'Être absolu radical.

La proposition fondamentale de psycho--physique, que l'expérience a paru démontrer, mais dont le caractère trop particulier ne justifie point les premières expériences de ses auteurs ou défenseurs, est celle-ci : *Les excitations extérieures et les sensations intérieures sont entre elles*

---

[1] Fechner ; *Elemente der Psycho-physik.* B. 1, S. 12. — Nous serions d'avis de prendre la proposition de cet Auteur dans un autre sens, et l'on pourrait alors la démontrer directement ainsi qu'il suit. Soit X^3, dont la *deuxième dérivée* est $3X$; on a de suite la proportion : $X^3 : 3X :: $ la *grandeur* est à l'*élément*, ou la *puissance* à l'*acte*.

comme puissances et logarithmes. — Reprenant cette proposition, et l'interprétant comme le demande notre principe de l'identité du réel et de l'imaginaire, nous en déduisons immédiatement cette autre : *Les excitations et les sensations corrélatives sont bien, relativement, deux choses distinctes; mais, absolument, elles en constituent une seule par la réduction de ses deux aspects objectif et subjectif en un seul réel équivalent.*

L'importance actuelle de ces deux propositions ne saurait être ici méconnue ni contestée le moins du monde. Distinguons-nous d'abord entre les *excitations* physiques et les *sensations* psychiques : nous avons deux mondes essentiellement distincts comme *corps* et *âme* ; et, chose remarquable ! le *corporel* est là précisément représenté par la face *potentielle* de l'Activité radicalement *spirituelle*, quand le *spirituel* l'est de son côté par la face *logarithmique* susceptible en apparence de simple agglomération *corporelle*[1]. Ce

---

[1] Malgré son air paradoxal, ce point de vue nous paraît susceptible de démonstration directe. Soit V la *force de variation* en chaque instant, et H la *somme des effets* depuis l'origine du mouvement ; on sait qu'on a successivement :

renvoi mutuel de caractères nous décèle déjà la fusion possible ultérieure des deux points de vue comparés ; mais leur actuelle irréductibilité formelle n'en est pas moins incontestable, et la preuve évidente en est l'opposition si nettement tranchée régnant entre les puissances et leurs logarithmes correspondants. Cependant, de même que, *dans le parabole, l'ordonnée potentielle* et *l'abscisse logarithmique* concourent pour la *désignation d'une seule et même courbe*, toutes puissances et leurs logarithmes correspondants peuvent bien encore ne désigner, *à priori*, qu'un seul et même être absolu réel. En ayant alors deux séries semblables vraiment données à la fois et n'importe la différence de leurs deux ressorts respectifs — *externe* pour l'une, *interne* pour l'autre, — nous n'en avons pas moins le droit d'en admettre l'identification absolue radi-

$V = 1 + 1, = 3 + 1, = 5 + 1,...$; et $H = 1, = 4, = 9, = 16,...$ Donc, en général, la *cause active* est égale à la *somme $+ 1$ des effets produits dans l'unité de temps*, et l'*effet passif total* est égal à la *somme de tous les effets produits depuis l'origine des mouvements*; et par conséquent *effets* et *causes* sont entre eux comme *puissances* et *logarithmes*.

cale. En outre, cette identification une fois admise, rien ne s'oppose à ce que, à défaut d'apparition *interne*, nous attribuions au *corporel* apparent l'allure des puissances plus particulièrement *spirituelles*, ou bien encore, à défaut d'apparition *externe*, au *spirituel* senti, la constitution des termes plus particulièrement *corporels*. Et par conséquent, en définitive, et corporel et spirituel ou puissances et logarithmes marchent toujours ensemble; mais, où les puissances se montrent, les logarithmes se cachent, et où les puissances disparaissent, les logarithmes se montrent; c'est pourquoi l'identité coïncide toujours sans confusion avec la distinction, comme la distinction avec l'identité.

14. Des *excitations* externes et des *sensations* internes n'évoquant par elles-mêmes que des notions psychologiques, il nous faut maintenant passer aux notions chimiques correspondantes. Nous découvrons ces dernières dans les idées d'*ensembles potentiels* ou de *causes provocatrices*, d'une part, et de *radicaux équivalents* ou d'*éléments formels*, de l'autre. Nous rapportons

aux *excitations* les *ensembles potentiels* ou *causes provocatrices*, ainsi qu'aux *sensations* les *radicaux équivalents* ou *formes élémentaires*; et par suite on conçoit que, à nos yeux, les ensembles potentiels (ordonnés) se rangent constamment en séries *géométriques*, comme les radicaux équivalents (ordonnés) se rangent en séries *arithmétiques*. De plus, en raison de ce que nous avons déjà dit, les ensembles potentiels, assimilés aux puissances *spirituelles*, ne sauraient tomber sous le sens externe et sont ainsi du ressort exclusif du sens *interne*, c'est-à-dire *intensif*, d'où il résulte qu'ils se traduisent alors en simples phénomènes dynamiques, tels qu'en impliquent les trois agents spéciaux électrique, lumineux et calorifique, très-clairement potentiels en une foule de cas ; et, au contraire, les radicaux équivalents, assimilés aux logarithmes *additionnels*, ne sauraient tomber sous le sens interne laissé par eux hors de cause, mais ils n'en sont aussi que mieux à la portée du sens externe apte à saisir distinctement toutes leurs phases ou poses articulées et discrètes ou bien encore *extensives*, d'où il résulte qu'ils s'étalent ou se juxtaposent comme les cases d'un damier. On ne saurait donc aucunement se prévaloir ici contre nous de ce que nos ensembles potentiels n'apparaissent point au dehors ou restent *invisibles*, ni de ce que nos radicaux équivalents n'apparaissent point au dedans ou restent *insentis*. Invisibles, les membres potentiels, réalisés sous forme *électrique, calorifique* ou *lumineuse*, peuvent être au moins toujours sentis. Insentis, les radicaux équivalents peuvent être au moins toujours reconnus sous les formes visibles d'agrégats *animés, végétaux* ou *minéraux*. Et, comme nous savons d'ailleurs qu'ils s'impliquent toujours à l'instar du réel et de l'imaginaire dans l'être, nous n'avons pas l'inconvénient, commun à tous les chimistes, d'admettre, sans savoir comment, en constante corrélation, des *forces* et des *termes* qui ne se connaissent en aucune manière ; nous avons au contraire incessamment en mains des forces et des termes échangeables ou convertibles entre eux par simple passage du sens interne à l'externe, ou réciproquement; c'est pourquoi du même coup nous évitons ici tous sauts ou toutes lacunes insolites, avantage spéculatif immense qu'aucune autre doctrine ne saurait nous offrir.

Nous attribuions tout à l'heure aux *ensembles potentiels* le mode d'application *dynamique*, et aux *radicaux équivalents* le mode d'application *statique*, en qualifiant le premier d'*intensif*, et le second d'*extensif*. Il importe de ne pas passer légèrement sur ces deux qualifications inverses ; et pour cela, sans chercher précisément à les définir, nous ferons remarquer que, en impliquant à la fois la notion de *grandeur*, l'intensité la suppose tout spécialement imaginaire, et l'extension réelle. Ce n'est pas à dire que l'imaginaire grandeur de l'*intensité* ne soit réelle, mais elle n'est réelle qu'en tant qu'imaginaire, abstraite, idéale : elle est donc essentiellement imaginaire ; et de là vient que, toute subjective en principe, elle semble ne réclamer objectivement aucun espace. Cette apparente exiguïté de son ressort serait-elle alors une raison de la réputer décidément plus petite, en valeur absolue, qu'une grandeur *extensive* quelconque ? Ah ! tant s'en faut. Elle n'a point de champ apparent, parce que franchissant toujours son champ aussi vite qu'elle l'étale, elle le pose et l'annule à la fois. De même, à son tour, la grandeur de l'extension, réputée réelle, ne laisse point d'être imaginaire ; mais, comme tombant sous le sens externe, elle frappe plus tôt et plus par sa réalité dont l'imaginarité ne ressort ainsi qu'après (sans augmentation ni diminution) ; et, parce qu'en elle la réalité prévaut alors toujours sur l'imaginarité, l'être actif dont la face subjective ne sait pas se dépêtrer de l'objective et croupit en cette dernière, s'imagine volontiers jouir d'une grandeur absolue qu'aucune intensité ne saurait s'attribuer, tandis qu'elle est au contraire constamment et grandement moindre, à l'instar des logarithmes rapportés aux puissances. Le subjectif n'est point, en principe, compris ou contenu dans l'objectif, mais l'objectif nage en quelque sorte originairement dans le subjectif comme dans une mer immense, et par la même raison l'extensif n'est jamais (sauf changement de ressort) comparable à l'intensif. C'est ainsi que les lignes trigonométriques *intra* — et *extra* — circulaires sont corrélatives, sans être comparables entre elles.

15. Comme étant respectivement (pour l'observation) du ressort exclusif du seul sens *interne* ou du seul sens *externe*, les termes des deux séries *géométrique* et *arithmétique* doivent frapper bien inégalement l'observateur le plus attentif. Car, sans nier l'intrinsèque possibilité d'être parfois aussi vivement impressionné des deux côtés, il n'en est pas moins vrai de dire que les termes de la série géométrique ne sont point régulièrement, dans notre état présent, immédiatement ou directement percevables, et n'apparaissent qu'accompagnés de ceux de la série arithmétique, tandis que ces derniers s'imposent ou le plus tôt ou le plus distinctement à notre aperception. Il est bien évident, par exemple, que le déploiement des agents électrique, calorifique et lumineux n'est point immédiatement ou directement mesurable ; car le seul moyen d'en être instruit est l'emploi d'appareils physiques (tels que réomètre, thermomètre ou photomètre) composés d'éléments matériels formellement groupés ensemble et pouvant bien alors — par des différences de dilatation ou autres — représenter les différences d'allure des actes potentiels, mais aussi ne les représentant jamais qu'en figure ou de loin, à la manière dont l'ombre mobile sur un cadran solaire représente la marche du soleil dans l'espace. On se fait donc par leur moyen une notion approximative des grandeurs géométriques; mais les seuls termes toujours immédiatement ou directement perçus sont les termes arithmétiques construits par voie de sommation formelle ou d'agrégation atomistique : aussi la base fondamentale de toute la chimie n'est point autre, en définitive, que l'institution ou la reconnaissance des *équivalents* en *poids* ou en *volume*, mais surtout (suivant la croyance commune) en poids, car c'en est la détermination la plus facile et la plus radicale. Cependant, la notion de *poids* n'entre ici qu'un infiniment petit instant en considération, et de suite la notion de *volume* ou mieux de *forme* vient la supplanter et prendre le dessus, comme il est aisé de le prouver.

Nous doutons fort que les Chimistes aient jamais eu le soupçon ou l'idée de la confusion qui règne dans leur esprit à cet égard. Se proposant de prendre bien véritablement l'équivalence pondérale pour base, quels *équivalents* instituent-ils pourtant? Des atomes primitifs (de leur propre aveu) complétement et grandement *inégaux* en *poids !* Sous ce rapport, la nouvelle théorie n'est pas moins expresse que l'ancienne. On sait que la nouvelle diffère de l'ancienne par l'admission de poids inégaux pour le même atome censé fonctionner désormais au *minimum* ou au *maximum*, ou au *medium* à divers degrés, jusqu'à celui de l'Hexatomicité, qui paraît être (on ne sait pourquoi) le dernier ; et l'atomicité dite au *minimum* est généralement identique aux nombres de l'ancienne Chimie. Par suite, les poids atomiques respectifs de l'hydrogène, de l'oxygène, du carbone et de l'azote sont toujours les nombres 1, 8, 6, 14. Eh bien ! les Chimistes ne craignent pas de dire que l'atome d'hydrogène $= 1$ est l'équivalent de celui d'oxygène $= 8$, ou du carbone $= 6$, etc. Comment donc peut-il être possible d'avancer ainsi, de sens rassis, que *l'unité* de poids peut être l'équivalent de *huit fois, six fois...* cette unité ? Évidemment, comparant les atomes entre eux, les Chimistes parlant des *poids* cessent immédiatement d'y avoir égard, et portent leur attention ailleurs, par exemple sur la *grandeur* ou sur la *forme* des atomes, et passent ainsi d'une notion à l'autre sans s'en apercevoir.

Quelle que soit l'inégalité de poids entre les atomes, on conçoit que la force attractive ou calorifique siégeant en eux y soit plus ou moins condensée, réduite, ou bien encore étalée, figurée. Les différences de densité ne sont qu'intensives ; et, comme cette différence s'exprime d'un seul mot, d'un seul mot on a dit tout ce qu'on en peut dire. Mais il n'en est pas de même du volume, et surtout du volume figuré ; car le volume ainsi considéré se compose de parties agrégées, soit en sphères de toute grandeur, soit en polyèdres de toute espèce ; et, quand il en est ainsi, n'importe que les atomes soient de différents poids, il suffit que, pour une raison quelconque, ils soient une fois juxtaposés, pour qu'on puisse savoir s'ils s'ajustent bien ensemble, s'ils tiennent la même place, s'ils se lient plus ou moins fortement, etc.; c'est pourquoi finalement leur équivalence actuelle n'est point une équivalence, d'intensité, mais d'extension et de forme.

16. En partant de la notion des équivalents que nous venons d'exposer, l'idée principale qu'il en faut avoir en concernant bien plus la *forme* explicite que le *fond* implicite, on comprend sans peine que les atomes se prêtent entre eux aux quatre sortes d'unions *formelles*, unitaire, binaire, ternaire et quaternaire. Changeant alors de question, nous examinerons à quelles lois ils peuvent être, les uns ou les autres, assujétis.

Les lois des êtres en exercice relatif sont naturellement conformes à leurs situations et proportionnelles à leurs besoins ; et d'ailleurs leurs situations ou leurs besoins sont, comme leurs rôles, *subjectif* et *objectif*, ou bien *actif* et *passif*.

D'abord, l'être subjectif, *réel*, se dédouble *formellement* par division de fonction. Ainsi se dédouble, par exemple, l'hermaphrodite, *un* en principe, *double* en fonction.

Puis, l'être objectif, *formel*, se dédouble *réellement* par division de parties. Ainsi se dédouble de nouveau la sexualité comme genre abstrait, tout autant qu'elle est *une* en idée, *double* de fait.

Maintenant, la force inhérente à l'unité *réelle*

dans le premier cas met en évidence l'*attraction* ou l'*affinité* ralliant *potentiellement* l'un à l'autre les deux termes *formellement* distincts, et par suite alors *intrinsèquement* racines ou facteurs, en même temps qu'*extrinsèquement* indifférents ou neutres.

Au contraire, la situation résultant de l'unité *formelle* dans le second cas met en évidence l'*indépendance* ou la *distinction* radicale des deux termes alors *réellement* distincts, et par suite de *prime-abord* indifférents ou neutres, avant d'apparaître *ultérieurement* alliables et sympathiques.

Telles sont donc les situations respectives inverses : entre les êtres subjectivement envisagés du monde interne, le premier sentiment est celui d'*attraction*, et le second est celui de *neutralité*; entre les êtres objectivement envisagés du monde externe, le premier sentiment est celui de *neutralité*, le second est celui d'*attraction*. Les êtres placés dans ce dernier état peuvent se rapprocher et même s'allier, mais ne s'identifient jamais ou restent foncièrement impénétrables. Les êtres placés dans le premier état sont toujours plus tôt identifiés que distincts, et par suite n'éprouvent en aucune manière le *besoin*, mais peuvent seulement ressentir le *devoir* de se rapprocher ou de s'écarter suivant les circonstances.

Les lois présidant aux deux mondes interne et externe sont alors inverses, comme les situations elles-mêmes. Dans le monde interne, les êtres *homogènes* se multiplient ou s'exaltent entre eux, et les *hétérogènes* se prêtent seulement d'une manière passive à leurs conditions extérieures d'existence ; dans le monde externe, les êtres *homogènes* ne s'émeuvent intrinsèquement de rien, et les *hétérogènes* seuls se prêtent au jeu factoriel d'attractions ou de répulsions mutuelles apparentes. Là, les forces sont internes et les mobiles externes ; ici, les forces sont externes et les mobiles internes. La Chimie vulgaire ne tient aucun compte de cette distinction fondamentale, mais bien à tort. Car, — à moins d'attribuer aux atomes des organes innés de sensation assimilables à nos yeux ou à nos oreilles[1], — tandis qu'on les suppose toujours

---

[1] On a cependant osé le dire de nos jours. Voyez *Revue scientifique,* n° du 13 avril 1878, pag. 367.

extérieurs les uns aux autres et même plus ou moins distants, on ne peut leur assigner aucune autre raison de rapprochement et d'union absolue qu'une première motion *générale* ou centrale, tenue sans doute plus ou moins énergiquement en échec par leurs tendances *spéciales* ou *particulières* promptes à se révéler, mais néanmoins toujours présupposée par elles comme thème formel et commun de centralité, sinon d'identification radicale et définitive.

17. Si l'on daigne ici se remettre en mémoire le nihilisme dont nous avons déjà fait profession à l'égard des atomes (§ 9), et bien considérer en outre le mode de leur avénement *objectif* à la suite de rencontres et conflits entre forces réelles ou *subjectives* opposées, on n'avouera point seulement sans difficulté qu'ils sont vraiment de pures positions *formelles* introduites par artifice de raison dans la masse de nos représentations externes, mais, remontant à leur source, on en découvrira peut-être l'origine jusque dans ces réalités éloignées, objectives et subjectives à la fois, dont l'espace céleste est rempli

sous les noms de soleils, planètes, comètes, bolides..., ou d'astres en général. Et, ce qui nous porte à le présumer, ce n'est pas seulement la nécessité de préposer toujours le céleste au terrestre, beaucoup plus variable et chétif; c'est, malgré cette éclatante subordination du dernier au premier, l'entière harmonisation ou conformité des deux au point de vue rationnel des divisions par *genres, espèces* ou *individualités*, car rien n'empêche évidemment de classer sous ce rapport les atomes comme les astres. D'ailleurs, à leur centralité près, qui ne souffre point de division, les astres peuvent bien être considérés aussi comme des complexions spéciales. Donc, bien qu'imaginaires, les atomes doivent pouvoir apparaître également uns et complexes tout ensemble, avec les variations obligées de toute nomenclature; et leur apparition est moins celle d'*êtres* que celle de *types* individuels de classification rangés par embranchements, ordres, familles, etc. Aussi, parmi ces types assez nombreux, quelques-uns s'imposent-ils avec une constance remarquable dans les trois Règnes de la nature, qu'ils servent même à caractériser de préférence. Ces types principaux sont au nombre de quatre, et portent les noms d'*hydrogène*, d'*oxygène*, de *carbone* et d'*azote*, dont voici le tableau[1] :

	Poids atomique.	Volume.
Hydrogène	= 1	= 2
Oxygène	= 8	= 1
Carbone	= 6	= 1
Azote	= 14	= 2

L'essentiel est actuellement, pour nous, de retrouver dans ces quatre types principaux et persévérants une nette reproduction ou représentation des idées déjà formulées au sujet des deux séries *géométrique* et *arithmétique*, ainsi que de leurs rôles *objectifs* déduits de *subjectifs*.

---

[1] Les rôles spécifiques des quatre principaux corps se rattachent immédiatement à ceux mêmes des trois puissances radicales, que nous avons établis en *pneumatologie* (2e Série, n° 9). Par exception, *en exercice externe*, l'Idée première fournit d'abord la *base* commune = 2 ; mais, puis et consécutivement, le Sens engendre et potentialise, l'Intellect associe et propage, l'Esprit invertit ou intervertit. Ainsi l'oxygène doit être l'organe du Sens; l'Intellect est à la fois représenté par l'hydrogène et le carbone, et l'azote est l'organe ou représentant de l'Esprit.

Les deux types spéciaux des deux SÉRIES *géométrique* et *arithmétique* sont l'oxygène et le carbone. Ceux de leurs RÔLES *initial* ou *final*, comme principes ou termes de détermination ou d'indétermination, sont l'hydrogène et l'azote.

D'abord, le plus *simple* et en même temps le plus *déterminé* de tous les types atomiques est l'hydrogène, car il est, en valeur absolue (poids atomique), égal à 1, et, en valeur relative (volume), égal à 2. — Si, quoique seulement égal à 1 en poids atomique, il ne laisse point d'être égal à 2 en volume, il le doit à sa nature spécifique toute *formelle* et reflétant nettement (à ce titre) les deux notions de *réel* et d'*imaginaire*, toujours objectivement distinctes mais foncièrement identiques, d'où il résulte qu'elles sont comparables à cosinus et à sinus alternativement égaux à 1, et par conséquent encore (en somme) égaux à 2, sans requérir pour cela la moindre multiplication de l'1 absolu radical. Ainsi, nous avons dans le type hydrogène, *formellement* 2, *réellement* 1.

Cela posé, passons à l'oxygène et au carbone. En adoptant ici pour base la valeur *formelle* 2 déjà trouvée, mais en outre présupposée désormais aussi *réelle*, et remarquant d'ailleurs que, avec les quantités 1, 2, 3 prises pour *exposants*, elle nous donne les trois termes consécutifs 2, 4, 8, tandis que, avec les mêmes quantités 1, 2, 3, prises pour *coëfficients*, elle nous donne les trois termes 2, 4, 6, si nous mettons en regard les deux séries, nous aurons deux rangées de termes coordonnés comme puissances et logarithmes, ainsi qu'il suit :

(Série géométrique)   2 : 4 : 8,
(Série arithmétique)[1]   2 . 4 . 6.

Or quel est le poids atomique *minimum* de l'oxygène? C'est 8. Et celui du carbone? 6. L'oxygène et le carbone sont donc deux types *sériels*, dont le dernier terme est seul explicite.

Qu'est maintenant l'azote? Il est, à l'inverse de l'hydrogène, un type absolu d'*indétermina-*

---

[1] Pour appliquer ces trois termes de la série arithmétique, il suffit de remarquer qu'ils sont entre eux comme Esprit, Intellect et Sens (externe). Exemple du 1er terme : le couple *général* de *sujet objet*. Exemple du 2e : les deux couples *sexuel* et *sériel*. Exemple du 3e : les trois couples *particuliers* des couleurs complémentaires.

tion. Il est d'abord indéterminé comme *formel*, puisqu'il se contente de *reproduire* sous cet aspect la valeur relative 2, radicalement introduite déjà par l'hydrogène. Il l'est ensuite également comme *réel*, puisqu'il se borne à *réunir* sous ce nouvel aspect, en une seule, les deux valeurs déjà connues de l'oxygène et du carbone, 8 + 6 = 14. Mais la spécialité de l'azote, qui ne saurait alors lui venir ni de son volume d'*emprunt* égal à 2, ni de son poids atomique *résultant* égal à 14, lui vient de l'emploi toujours contingent, et par suite *objectivement facultatif et variable*, de ces mêmes valeurs. Car il est bien évident, par exemple, qu'il est (en principe) essentiel à l'oxygène de fonctionner comme égal à 8, et au carbone de fonctionner comme égal à 6. L'azote, renfermant au contraire en lui-même ces deux valeurs réunies mais pourtant exclusives, a naturellement le choix de celle d'entre elles qui correspond le mieux aux exigences des diverses situations où il peut être de mise, et son affaire est alors d'adopter de préférence le fonctionnement par 6, s'il se trouve en présence d'un autre fonctionnaire égal à 8, ou *vice versâ*.

L'azote est donc, par-dessus tout, non un introducteur radical de séries, mais un intervertisseur ou commutateur perpétuel ; il est un type spécial de variation ; et de là vient qu'il est aussi l'élément caractéristique du Règne animal, qu'on sait être essentiellement mobile et remuant. Sous ce rapport, il n'a d'égal (en principe) que l'hydrogène, non en ce sens que ce dernier joue le même rôle d'intervertisseur, mais en ce sens qu'il offre originairement la même alternative entre les deux voies du Réel et de l'Imaginaire, toujours ouvertes devant lui. De même, maintenant, que l'*azote* préside aux incessantes variations du régime *animal*, le *carbone*, type de séries arithmétiques continues, préside à l'installation du règne *végétal*, dont toutes les séries et même tous les termes ont pour premier ingrédient un élément de son espèce, car le carbone est bien la principale pièce des organisations végétales, *bois*, *feuilles*, etc. Et par suite le règne des applications spéciales de l'*oxygène* sera forcément le *minéral* ou cristallin, théâtre incessant de constructions ayant à la fois longueur, largeur et hauteur, ou *solides*, avec immanence de forme et d'attributs ; car nous savons déjà que les séries dépendant de l'oxygène se composent d'ensembles potentiels aboutissant de la première dimension à la troisième ; et cette troisième, une fois atteinte, clôt nécessairement la mesure de ses applications. Il est très-remarquable d'ailleurs que ce même corps paraît exister distinctement aux trois états potentiels 1^1, 1^2 et 1^3 ; à savoir : comme O^1, en l'état de combinaison ; comme O^2, à l'état libre ; et comme O^3, à l'état d'ozone. Nous pouvons donc admettre que le règne minéral est le théâtre spécial de l'oxygène ou de ses opérations et produits directs ou indirects [1].

18. Tous les corps de la nature, dualistiquement constitués, sont assimilables à des piles voltaïques à couples plus ou moins nombreux.

---

[1] Cette proposition a plus d'importance qu'elle n'en a l'air. Par exemple, on admet que dans les affections charbonneuses ou autres, les bactéridies ou vibrions s'emparent de l'oxygène des tissus vivants, etc. Mais comment sait-on que, dans ces rencontres, l'oxygène, au lieu d'être *passif* comme on le suppose, n'est point au contraire *actif* ? Et, alors, toute la théorie des êtres dits *aérobiens* ou *anaérobiens* serait bouleversée...

Qu'on veuille bien alors supposer des séries croissantes de pareils couples juxtaposés — zinc et cuivre — en communication avec le sol : on sait qu'on aura, pour les diverses séries croissantes, des tensions proportionnelles au carré du nombre de leurs couples respectifs. Mais alors, tandis que les tensions iront *potentiellement* en croissant avec le nombre des couples, le nombre même des couples ne constituera qu'une progression *arithmétique* croissante, de sorte que, si l'on a, d'un côté, des carrés égaux à

1, 4, 9, 16, 25,...,

l'on aura, de l'autre, des nombres égaux à

1, 2, 3, 4, 5,....

Donc les ensembles *potentiels* ici figurés par l'électricité (comme ils pourraient l'être également par le calorique ou la lumière, § 14) sont réellement aux ensembles *élémentaires* corrélatifs, dans le rapport des puissances aux logarithmes ; et la nature procède bien conformément aux deux types de l'oxygène et du carbone, figurés : pour le premier, par la série des *puissances* 2, 4, 8, et pour le second par la série des termes *additionnels* 2, 4, 6 ; ces derniers retirant, d'ailleurs, de l'observation immédiate, une évidence de manifestation à laquelle les *potentiels* ne sauraient aspirer sans moyens artificiels plus ou moins détournés et sujets à caution.

De ce que les différents termes *potentiels* de la série géométrique sont plus difficiles à reconnaitre et vérifier, en chimie, que les *élémentaires* de la série arithmétique, il résulte que ces deux parties de cette science sont loin de pouvoir avancer d'un même pas ou se développer avec un constant parallélisme. Non-seulement la série géométrique n'est pas encore construite, elle ne parait pas même devoir l'être prochainement ; et, pour notre part, nous ne saurions nous bercer du moindre espoir de contribuer par nos études à ses progrès, car, par état et position, nous sommes dans une entière impossibilité de nous initier aux plus simples opérations ou procédés chimiques pouvant amener ce résultat. Nous croyons seulement comprendre qu'on devra prendre pour base ou point de départ de ces recherches, outre l'oxygène, tous autres éléments se rattachant plus ou moins directement au même type, comme soufre ou chlore, etc. Au contraire, la construction de la série arithmétique se fait aujourd'hui dans les meilleures conditions, et les découvertes accomplies à ce sujet se suivent pour ainsi dire à la file, sans éprouver la moindre interruption.

On part, en cette matière, d'un type quelconque à base de *carbone*, successivement accru, plus tôt ou plus tard et par ordre, des autres éléments dits hydrogène, oxygène, azote, et l'on imagine que, les uns allant en décroissant et l'autre ou les autres en croissant, de leur agrégation en termes *simultanés* ou *successifs* résultent des *groupes* ou des *séries* continus, répondant à tous les cas possibles d'union statique. Dans ces produits ainsi rangés comme les différents termes d'une équation bien ordonnée en x et en y, deux choses sont surtout à considérer, savoir : le *noyau*, s'il s'agit de *groupes* ; et le *principe*, s'il s'agit de *séries*. Donnons avec les Chimistes, au type carburé (saturé ou non saturé) pris pour point de départ, le nom d'*hydrocarbure fondamental*. Cet hydrocarbure fondamental, d'où partent en tout sens des dérivations en *groupes* ou *séries*, est alors appelé *noyau* dans le premier cas, et *principe* dans le second. Mais les noyaux peuvent être divers, et les principes aussi ; supposons que cela soit, il s'ensuit deux nouveaux cas à distinguer et dénommer différemment. Un ensemble de *groupes* simultanés à *noyaux* divers est dit *hétérologue* ; mais un groupe de *termes* simultanés à *noyau* commun et à *pas* égaux prend le nom d'*homologue*. De même, un ensemble de *séries* successives à *principes* divers est une série *hétérologue*, mais une série de *termes* consécutifs à *principe* commun et à *pas* égaux est une série *homologue*. L'égalité de pas constitue donc à la fois et les groupes et les séries homologues ; la différence de noyau ou de principe constitue les groupes ou les séries hétérologues ; l'égalité de pas, d'une part, et la différence de noyau ou de principe, de l'autre, constitue enfin tout l'ensemble de groupes simultanés ou de séries successives possibles en chimie organique.

19. Après l'achèvement du réseau des séries arithmétiques viendra naturellement le moment de construire celui des séries géométriques, que

nous avons jugé très-difficile et peut-être même impossible à réaliser sans cette large base préalable. Nous ne saurions prévoir [1] la découverte qui mettra plus spécialement là-dessus en bonne voie les chercheurs futurs ; nous avons seulement la ferme conviction qu'ils ne devront jamais perdre de vue les principes que nous avons établis, ainsi que les conséquences que nous en avons tirées ou que nous en pourrions tirer encore.

Au nombre de ces principes nous rangeons en première ligne l'intime corrélation — poussée jusqu'à l'identité réelle ou radicale — des *forces* et des *corps* ; et, bien que nous ayons déjà touché ce sujet, nous ne craindrons pas de le re-

---

[1] Nous ne voulons point dire par là que la *marche* naturelle des forces physiques nous soit inconnue (car elle est bien mathématiquement déterminable et déterminée), mais seulement que la *base* n'en apparaît point. C'est à peu près le même *desideratum* que formulait Archimède demandant un *point d'appui* pour soulever le monde. (Pendant l'impression de ces lignes, nous avons cru reconnaître le point de départ convenable et réel de ces nouvelles recherches : il consiste à regarder tous les cas d'augmentation ou de diminution de *chaleur* comme assimilables à ceux d'accélération ou de retardement de *vitesse* en chute ou ascension verticale ou oblique, etc.)

prendre pour achever de l'éclaircir, si c'est possible. La logique ayant ses nécessités comme la nature, les Chimistes, persuadés de l'éternelle réalité des atomes et faisant de leurs rapports une pure affaire d'agrégation ou de désagrégation, sont obligés d'imaginer entre eux, pour intermédiaires, des agents extérieurs ou même étrangers à la nature pondérable, tels que l'électricité, le calorique ou la lumière. Leur demande-t-on alors en quoi consistent ces nouveaux agents, et comment ils opèrent : ils ne le sauraient dire et conviennent volontiers de la gratuité de leur emploi. Mais, par ce procédé, la science n'avance pas d'un pouce ; car, s'il est indispensable de recourir à de pareils agents hypothétiques pour expliquer l'agrégation ou la désagrégation des atomes, on devra pareillement en imaginer d'autres pour expliquer leur rencontre avec les atomes, et ainsi de suite indéfiniment. Dans notre manière de voir, nous coupons court à cet énorme inconvénient, et nous pouvons même trouver dans la nature physique une preuve sensible de l'excellence de notre méthode. Soient, en effet, données deux couleurs complémentaires, comme *rouge* et *vert*, dont la superposition donne, en leur place, du *blanc*. On sait que le blanc alors obtenu jouit, seul, d'un plus grand éclat que le rouge seul ou le vert seul, et qu'ainsi le blanc résultant, et tant le rouge que le vert *isolés*, sont entre eux (à défaut de détermination meilleure) dans le rapport approximatif de 1^2 à 1^1. Or, quand le rouge et le vert *associés* voient leur éclat particulier subitement rehaussé dans le blanc, a-t-on jamais senti le besoin d'imaginer l'adjonction, à ces deux couleurs complémentaires, d'une lumière à part, qui viendrait accroître leur rayonnement primitif? Nullement ; on a seulement pensé que l'association produit en elles un effet contraire à l'isolement. Pourquoi ne pas raisonner alors de même à l'occasion de tous les phénomènes sensibles ? Ainsi que nous l'avons admis et prouvé déjà (§ 8), les atomes sensibles sont du calorique condensé, comme le rouge et le vert de tout à l'heure étaient de la lumière divisée. Mais, de même que naguère le rouge et le vert réunis gagnaient en *éclat*, le rapprochement des atomes calorifiques, ajoutant condensation à condensation, doit gagner en accroissement d'*intensité* calorifique. En conséquence, ni le calorique, ni la lumière, ni l'électricité, ne sont des agents distincts de la matière ou des atomes, mais ils sont à la matière ou aux atomes ce que sont la sagesse aux sages, la force aux forts, la pesanteur aux graves,..., c'est-à-dire un aspect particulier de la matière ou des atomes conforme à ce qu'ils sont ou doivent être quand on monte ou descend avec eux les degrés hiérarchiques des types fondamentaux.

20. Le calorique, la lumière et l'électricité n'étant point d'après cela des parties intégrantes d'*êtres* complexes, mais seulement des parties intégrantes d'*états* complexes, il est naturel de penser que, à la matière ou aux atomes constitués dans un certain état, correspond un état équivalent de calorique, de lumière et d'électricité ; que, à la matière ou aux atomes constitués dans un état contraire, correspond également un état contraire des mêmes prétendus agents; et que, à la matière ou aux atomes constitués dans un état moyen, correspond un état moyen analogue calorifique, lumineux ou électrique. Mais

les états *internes* de la matière ou des atomes sont généralement signifiés par les types fondamentaux 1^3, 1^2, 1^1 et 1^0. Donc, il y a pareillement des états calorifiques, lumineux ou électriques dressés sur les mêmes formules. On pourrait vouloir admettre ici de prime-abord, d'après certaines indications, que ces états gradués corrélatifs répondent à ceux de matière *gazeuse, liquide, solide* et *roide* (inerte); mais, quand on vient à considérer, par exemple, que le *maximum* de densité des corps ne leur convient pas moins en certaines rencontres à l'état liquide qu'à l'état solide, ou réciproquement, on conçoit que, entre les forces et les corps, il y a plus qu'une *distinction* formelle, mais (en même temps qu'une différence de formes) une *succession* de degrés, ou bien encore une *alternation* continue de degrés, induisant parfois à supposer précipitamment au dedans le même déploiement de forces qu'au dehors, quand il en peut être tout autrement ; c'est pourquoi la vraie corrélation entre les deux ordres de faits internes et externes, ou virtuels et formels, demande souvent, pour être convenablement appréciée, plutôt un talent de devin ou d'inventeur, que celui d'un observateur ordinaire.

Indépendamment du *désaccord apparent* toujours possible dans l'écoulement des séries arithmétique et géométrique, il existe une autre source de difficulté d'appréciation dans la *duplicité de rôle* fourni par le même agent physique aux deux états latents *sensible* et *spirituel*, ou *solide* et *gazeux*. De même, en effet, qu'il existe chez les atomes un degré de calorique latent proportionnel à leur densité spécifique, il existe entre eux à l'état gazeux un nouveau degré de calorique latent proportionnel à leur écart, d'où il suit immédiatement qu'il existe deux sortes de calorique latent, manifestées, l'une en *poids*, l'autre en *ressort*[1]. Le calorique passif *condensé* dans les

---

[1] Cette distinction entre les deux manières d'exister du calorique aux deux états d'atome *solide* ou *gazeux* peut servir de point de départ à de nouvelles réflexions sur la *conversion* ou la *génération* des forces, et nous les consignerons ici, moins pour elles-mêmes que pour leurs conséquences.

Le calorique peut d'abord exister, disons-nous, aux deux états d'atome *solide* ou d'atome *gazeux*. Entre ces deux états extrêmes, il existe alors un état moyen de fluidité plus

atomes diffère évidemment du calorique actif *faisant ressort* entre les atomes. Admettons alors une semblable bifurcation de fonctions en la lumière et l'électricité : dès ce moment, le cours des événements nous apparaîtra plus propre à désespérer le génie qu'à l'occuper et distraire agréablement.

Mais supposons, enfin, l'analyse *qualitative* ou moins condensé, appelé, suivant les cas, *liquide* ou *vaporeux*, et qui n'est dès-lors toujours que transitoire. Le même agent calorifique est donc indifféremment solide, fluide ou gazeux, ou bien encore convertible, de forme solide, à forme fluide, ainsi que de forme fluide à forme gazeuse, et de plus (à moins d'imaginarisation complète à bout de voie) susceptible à reculons des mêmes formes; par où l'on voit que l'état moyen de fluidité forme l'habituelle transition d'un extrême à l'autre. On conçoit, d'une part, l'avénement de la solidité par réduction de la force *extensive* et variable moyenne à l'Unité atomique *pleine*, sous l'action convergente de la force *attractive* ; et, d'autre part, l'avénement de la gazéité, par la réduction de la même force *extensive* et variable moyenne à l'Unité atomique *sphéroïdale* sous l'action résultante angulaire des deux forces *attractive* et *tangentielle*, cette fois associées et concourantes de manière à produire une vive rotation avec une *expansion* considérable.

Maintenant, l'Unité atomique *pleine* est toujours *pesante*, parce que la force *attractive* y domine pleinement la force *extensive* et variable moyenne; et l'Unité atomique *sphé-*

des forces et des corps une fois accomplie : ce ne sera pas une petite affaire de ranger encore tous les êtres et tous leurs actes ou états à leur place, par *degrés* exacts d'extension ou d'intensité réelles. Les grandeurs *visuelles* fixes elles-mêmes ne sont point aisément perçues à distance par le sens de la vue le plus exercé ; combien plus malaisément arrivera-t-on alors à l'exacte

roïdale est toujours *dilatable* et *dilatante*, parce que la force *extensive* et variable moyenne, renforcée de la *tangentielle*, en devient capable de faire retomber sur l'*attractive* le joug qu'elle en subissait dans son état primitif d'isolement. Pour sonder alors la nature du repos réel ou seulement apparent observé dans l'un ou l'autre cas, qu'on fasse tourner très-rapidement une meule solide métallique, *v. g.*, de fer, ou (ce qui revient au même) qu'on la surcharge d'un grand poids : on verra que, par suite du renfort amené dans cette double hypothèse à la force *extensive* dans un plan donné transversal à la direction centripète, la meule s'échauffera sensiblement. Au contraire, élève-t-on considérablement la température de la masse solide jusqu'à la vaporiser, ou bien également celle du gaz en équilibre apparent dans un récipient à la température ordinaire, on verra la vapeur produite ou le gaz échauffé faire aussitôt l'office de moteurs plus ou moins puissants. Par force de pression ou vitesse de rotation, on dégage donc du calorique, ou le rend, de latent, sensible ; mais aussi, par application du calorique sensible aux solides et aux gaz, on transforme ces derniers en prin-

détermination des grandeurs *virtuelles* concernant l'influence à distance des agents physiques appliqués par genres, espèces ou individualités ? Cependant, de cette extrême difficulté d'aboutir à l'intuitive connaissance pratique de toutes choses, il ne s'ensuit point que la méthode mise par nous en avant soit insuffisante ou factice ; il s'ensuit seulement que l'encombrement des faits

cipe de force ou de vitesse. Dans le changement de forme des corps, il y a donc plus que changement de forme, mais changement de force. Or, un changement de force et de forme tout ensemble, est un changement *réel*, tel que, par exemple, un changement de *sens* substituant contraction à dilatation ou dilatation à contraction ; et tout changement réel de cette sorte est un renversement (actif ou productif) de producteur en produit, ou d'autre en autre, qui ne nous semble guère différer des vraies transmutations alchimiques. Entre les deux ou trois sortes d'états calorifiques *extrêmes* et *moyens*, il y a donc une dépendance absolue *générale et transformiste* qu'on ne soupçonnerait pas si l'on ne considérait que les *formes* du calorique en ces divers états, abstraction faite des *forces* ou des *actes* nécessaires à leur production.

Nous profiterons de ces diverses explications pour en conclure que, nous ne dirons pas la *somme*, mais la *masse* des atomes d'un corps vivant peut changer ; car tout atome qui devient, par exemple, de *pesant*, *sphéroïdal*, est perdu pour la *masse*. Ainsi s'expliquerait la transformation d'une planète en comète, etc.

physiques est trop grand pour être aisément débrouillé dans une vie d'homme aussi restreinte que la nôtre en espace et temps.

21. Comme il existe néanmoins en l'esprit humain une tendance native à fouiller jusque dans l'inconnu, toujours ouvert par quelque face au jeu de l'imagination, nous essayerons, malgré toutes les difficultés naguère énumérées, de construire, au moins hypothétiquement, le *schème* général auquel nous paraissent devoir se rapporter tous les groupes et toutes les séries des combinaisons chimiques imaginaires ou réelles. Ce schème se composerait de quatre sortes de termes respectivement *unitaires, binaires*[1], *di-binaires* et *tri-binaires*, tous compréhensibles dans *une* demi-circonférence, pour pouvoir se reproduire en *l'autre* (à l'instar des six couleurs complémentaires en polarisation rotatoire), et tels alors que les termes ci-après[2] :

[1] Dans les deux figures suivantes, C, H, sont les initiales de *carbone, hydrogène*, et *r, o, j, ve, b, vi*, les initiales de *rouge, orange, jaune*, etc.

[2] L'*unitaire* et le *binaire*, réunis sans confusion, constituant le *sesqui-binaire*, il serait superflu de comprendre ce

(unitaires)   C (ou H)
(binaires)   C.H,
(di-binaires)   C.H, C.H (acétylène)
(tri-binaires)   C.H, C.H, C.H, C.H, C.H, C.H,
                        (benzine).

Circulairement rangés, ils s'offriraient sous la forme suivante :

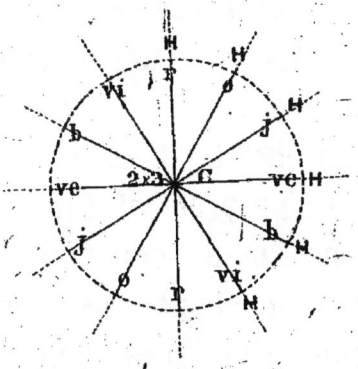

La seule chose qui semblerait ici pouvoir invalider la légitimité de cet ordre circulaire, serait l'*identité* des termes CH placés aux six divisions de chaque demi-circonférence, là où l'Optique dispose ses six couleurs complémentaires

dernier au nombre des membres de division qui doivent être irréductibles.

essentiellement *disparates* (*rouge, orangé, jaune, vert, bleu* et *violet*). Mais cette difficulté cesse au moment où l'on veut bien considérer que, en Optique, le *temps* n'est pour rien dans la perception des couleurs alors réduites en deux facteurs dits *amplitude d'élongation* et *vitesse rotatoire*, et par conséquent *planes*, tandis qu'ici les termes chimiques, en tenant la place, sont présupposés au contraire *solides*, comme comprenant à la fois les trois facteurs constitutifs : *amplitude d'élongation, vitesse rotatoire* et *temps*. C'est donc un effet total, et non plus un simple effet partiel qu'on y perçoit ; mais l'effet total six fois répété ne laisse point pour cela de *correspondre* aux six effets partiels : seulement, parce que les termes chimiques surpassent les physiques en *réalité*, le rôle en est objectivement plus extensif, et de là vient qu'ils peuvent extérieurement donner en quelque sorte la main à d'autres termes objectifs s'y rattachant par l'un quelconque de leurs facteurs intégrants et variables, C ou H, ainsi rendus le trait d'union de groupes ou de séries linéaires prolongés çà et là en tous sens comme les rayons divergents du solcil, mais pourtant toujours rattachés implicitement au centre par une secrète diversité de facteurs exigeant le raccordement des termes extérieurs aux intérieurs, plutôt, par exemple, en *o*, qu'en *j* ou *ve*, etc. Le *temps* entrant par hypothèse dans l'intime constitution des termes chimiques, leur alignement *objectif* ou *spatial* peut et doit évidemment s'accompagner d'un nouvel alignement spécialement *subjectif* à phases *réellement* successives. Notre schème peut donc être regardé comme une vraie représentation générale de tous les groupes et de toutes les séries possibles, tant hétérologues qu'homologues, comprises en chimie végétale, sans négligement des combinaisons *minérales* qui les préparent, ou des compositions *animales* qui les ramènent (par remaniements incessants et de toute nature) à leur principe.

FIN.

TABLE DES MATIÈRES

	§§
Avant-Propos....................................	
De la Chimie *en général* : sa définition.......	1
Idée fondamentale de cette science et ses divisions....................................	4
Transmutabilité de la matière, invariabilité respective de la forme....................	7
Formalité des atomes et leur réduction en types....................................	9
Types fondamentaux............................	10
Origine des types fondamentaux...............	11
Raisons du passage de type à type............	12
Principes réels de Chimie *pratique*...........	13
Distribution des composés chimiques en deux séries parallèles, l'une *géométrique*, l'autre *arithmétique*.................................	14
Notion exacte des *équivalents*................	15
Termes potentiels *internes* et termes additionnels *externes* ; leurs lois inverses.........	16
Les quatre types atomiques généraux.........	17

Exemple des deux séries *géométrique* et *arithmétique* de termes, emprunté à l'électricité. 18
Grande complication et difficile débrouillement des séries de forces ou de corps.......... 20
Schème général......................... 21

FIN DE LA TABLE.

En Vente chez SEGUIN, Libraire
rue Argenterie, 25, à Montpellier

OUVRAGES DU MÊME AUTEUR

Examen de la rationalité de la Doctrine Catholique. 1 vol. in-8°. 1849.

La clef de la Philosophie, ou la vérité sur l'Être et le Devenir. 1 vol. in-8°. 1851.

Traité des Facultés. 1 vol. in-8°. 1859.

De Categoriis. Dissertatio philosophica. 1 vol. in-8°. 1859.

Principes fondamentaux de Philosophie mathématique. 1 vol. in-8°. 1860.

De la pluralité des mondes. 1 vol. in-12. 1861.

Traité des Actes, sommaire de Métaphysique. 1 vol. in-12. 1862.

ÉTUDES DE PHILOSOPHIE NATURELLE.

N° 1. Système des trois règnes de la nature. 1 vol. in-12. 1864.

N° 2. Réponse directe à M. Renan, ou démonstration philosophique de l'incarnation. 1 vol. in-12. 1864.

N° 3. De l'expérience de Monge au double point de vue expérimental et rationnel. 1 vol. in-12. 1869 (3e édition).

N° 4. De l'ordre et du mode de décomposition de la lumière par les prismes. 1 vol. in-12. 1870.

N° 5. De l'ordre et du mode de décomposition de la lumière par les prismes ; Nouvelles preuves à l'appui. 1 vol. in-12. 1872.

N° 6. Sens et rationalité du dogme eucharistique. 1 vol. in-12. 1872.

www.ingramcontent.com/pod-product-compliance
Lightning Source LLC
LaVergne TN
LVHW052105090426
835512LV00035B/983